가장 쉬운
인스타툰 만들기

초판 1쇄 인쇄 | 2022년 5월 20일
초판 1쇄 발행 | 2022년 5월 30일

지 은 이 | 박희연(ELLA)
발 행 인 | 이상만
발 행 처 | 정보문화사

책 임 편 집 | 노미라
교정 · 교열 | 안종군

주　　　소 | 서울시 종로구 동숭길 113
전　　　화 | (02)3673 - 0114
팩　　　스 | (02)3673 - 0260
등　　　록 | 1990년 2월 14일 제1 - 1013호
홈 페 이 지 | www.infopub.co.kr

I S B N | 978-89-5674-918-1

가장 쉬운
인스타툰
만들기

박희연(ELLA) 지음

정보문화사
Information Publishing Group

머리말

안녕하세요. 인스타툰 '조선비와 아이들'을 연재하고 있는 ELLA입니다.

어느 날 그림을 그려 웹에 올려 보라는 남편의 권유로 인스타툰이라는 것을 시작하게 됐습니다. 어려서부터 만화를 좋아해 보고 따라 그리는 시간이 즐거웠습니다. 지금은 인스타툰을 연재하며 즐거웠던 시간을 다시 느끼고 있습니다. 이 책은 필자가 인스타그램을 처음 접하고 인스타툰을 시작했을 때 그 막막했던 느낌을 떠올리며 쓰게 됐습니다.

막상 그림을 그리려고 하니 프로크리에이트라는 앱을 어떻게 쓰는 것인지 몰라 한참 헤매다가 슬럼프가 오기도 했습니다. 인터넷으로 찾아보기도 하고 서점에서 여러 가지 책을 읽어 보며 어렵게 배웠습니다. 다행히 짧은 시간 안에 손에 익게 됐고 힘들 때마다 가족들, 주변 분들의 응원과 위로가 큰 힘이 됐습니다.

지금 인스타툰을 시작하려는 분들도 그때의 저와 같은 답답함을 느끼리라 생각됩니다. 혼자 공부하다가 모르는 부분이 생기면 물어 볼 곳이 없어서 난감한 상황이 생기기도 하지요. 그래서 누구나 아이패드와 프로크리에이트로 쉽게 그림을 그릴 수 있도록 저의 노하우를 이 책에 담았습니다. 만화를 그리는 데 별로 소질이 없어도 그릴 때 즐겁고 내 그림을 봐 주는 이들과 소통하는 것으로 행복하다면 그 자체로도 삶에 힐링이 되지 않을까요? 그림을 그리면서 스트레스를 받기보다 그림 그리는 시간이 재미있고 생각했던 것들을 마음껏 그리는 게 중요한 것 같아요. 어렵게만 생각했던 그림 그리기에 자신감을 갖고 여러분의 그림을 마음껏 표현해 보기 바랍니다.

또한 이렇게 얻은 자신감으로 수익 창출의 기회도 노려 볼 수 있습니다. 인스타툰은 다른 플랫폼의 웹툰들과 달리, 누구나 쉽게 도전할 수 있고 이를 통해 다양한 방법으로 활동할 수 있습니다. 요즘 많은 기업과 인스타툰 작가들이 협업으로 브랜드 웹툰이나 광고툰 작업을 활발히 하고 있습니다. 심지어 얼마 전에는 인스타툰이 드라마로 제작돼 방송으로 진출하는 경우도 있었습니다. 이렇듯 인스타툰은 단지 취미로만이 아닌 수익 창출의 방법이 될 수 있습니다.

끝으로 이 책을 완성하기까지 많은 도움을 주셨던 친정 아버님, 노미라 과장님, 그 외 모든 분께 감사합니다. 특히 저의 인스타툰 '조선비와 아이들'의 주인공인 듬직한 아들 루이스, 귀여운 딸 리나와 제 영혼의 단짝인 남편 조선비 님께 감사와 사랑을 전합니다.

이 책을 보는 방법

이 책은 인스타그램에 연재하는 만화(Toon)를 그리는 법과 홍보하는 법 그리고 그것으로 수익을 창출하는 방법을 담고 있습니다. 그림을 처음 시작하는 사람도 아이패드와 프로크리에이트만 있다면 쉽고 재미있게 따라 그릴 수 있습니다. 열심히 연습해 취미뿐만 아니라 수익 창출의 꿈을 이루시길 바랍니다.

이 책은 2022년 4월 기준 아이패드 드로잉 애플리케이션인 프로크리에이트(Procreate) 5.2.5 버전을 기준으로 제작됐습니다. 아이패드 기종이나 애플리케이션의 버전에 따라 일부 구성 화면이나 내용이 책 속의 이미지와 다를 수 있습니다.

총 8개의 파트로
구성돼 있습니다.

큰 제목으로 파트의 주제를
미리 알아볼 수 있습니다.

알아 두면 도움이 되는
팁을 정리해 놓았습니다.

직접 따라 해 보면서
실습해 볼 수 있습니다.

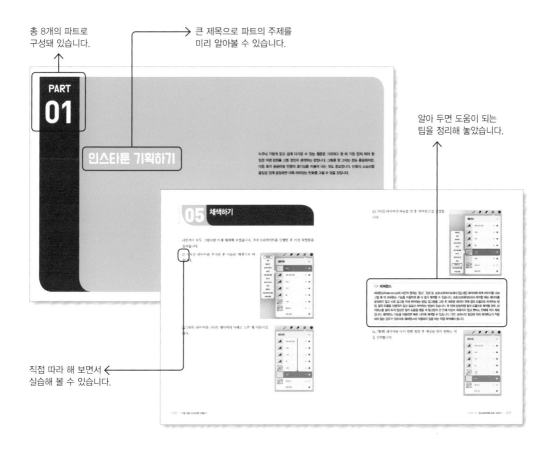

인스타툰

인스타툰(Instatoon)은 '인스타그램(Instagram)'과 '웹툰(Webtoon)'의 합성어로, 인스타그램에서 연재되고 있는 웹툰을 말합니다. 이전에는 네이버 웹툰의 도전 만화, 개인 홈페이지, 블로그 등에 직접 그린 만화를 올렸다면 요즘에는 페이스북, 인스타그램과 같은 SNS(소셜 네트워크 서비스)의 내 계정으로 직접 만화를 그려 올리고, 구독자들과 바로 소통하는 일이 쉬워졌습니다. 그중에서도 인

'조선비와 아이들' 인스타툰 중

스타툰은 다른 플랫폼에서 연재되는 웹툰보다 짧지만, 강렬한 인상으로 구독자들의 눈길을 사로잡는 매력이 있습니다. 한 번 팔로우해 놓으면 귀찮게 매번 검색해 들어가지 않아도 바로바로 챙겨 볼 수 있다는 것도 인스타툰의 큰 장점입니다. 현재 인스타그램은 업로드할 수 있는 이미지가 최대 10장이므로 인스타툰을 그릴 때는 스토리를 최대한 10장 범위 내에서 끝내는 것이 좋습니다.

인스타툰은 정식 연재의 조건 과정이 까다로운 포털 웹 사이트의 승인 과정을 거치지 않고 바로 연재의 수단으로 사용할 수 있기 때문에 일상 툰부터 다양한 주제 툰에 이르기까지 많은 툰이 등장하고 있습니다. 또한 요즘은 기업에서도 홍보를 위해 인스타툰 작가와 협업해 그림을 올리는 일도 많아졌고 영화나 소설 등의 홍보를 위해 인스타툰을 이용하는 경우도 있습니다.

인스타툰을 올릴 때는 각 게시물에 해시태그(#)를 달아 해당 주제에 관심이 있는 사람을 타깃팅할 수 있습니다. 또한 이를 통해 작품을 노출할 수도 있으므로 해시태그를 작성할 때는 구독자들의 관심을 끌 만한 키워드로 설정하는 것이 중요합니다.

TIP 해시태그

해시태그(Hashtag)란, 특정 핵심어 앞에 '#' 기호를 붙여 쉽게 식별할 수 있게 하는 메타데이터 태그의 한 형태입니다. 이 태그가 붙은 단어는 소셜 네트워크 서비스에서 편리하게 검색할 수 있습니다. 예를 들어 인스타툰과 관련된 인기 해시태그로는 #인스타툰, #웹툰, #손그림, #드로잉, #그림일기, #프로크리에이트, #일상 등이 있습니다.

인스타그램 로고

인스타툰의 게시물 수

인스타툰은 양방향으로 소통하는 인스타그램의 특성을 지니고 있기 때문에 독자들이 자신의 생각을 표현하는 도구의 역할을 하기도 합니다. 인스타툰의 댓글 창에서는 공감부터 논쟁까지 독자들의 적극적인 의견 교류를 볼 수 있습니다. '좋아요', '팔로우' 등과 같이 독자의 검증 과정을 거친, 깊이가 있으면서도 공감을 불러일으키는 다양한 주제의 인스타툰이 나오고 있습니다. 인스타그램은 이미지, 만화와 같은 시각적인 매체에 팔로워들이 쉽게 끌리는 경향이 있으므로 내 그림이 구독자의 상황과 취향에 잘 맞는다면 인기 인스타툰 작가가 돼 출판, 전시회, 이모티콘 런칭, 굿즈 사업, 온라인 클래스 입점 등 다양한 분야로 진출할 수 있습니다. 인스타툰을 쉽게 시작할 수 있는 사람은 다음과 같습니다.

첫째 재미있는 이야기는 많이 알고 있지만, 그림은 잘 그리지 못하는 사람
둘째 전문적인 직업에 대한 정보를 많은 사람에게 알리고 싶은 사람
셋째 재미있는 이야깃거리를 많은 사람에게 알리고 싶은 사람

물론 그림을 잘 그리고 재미있는 이야기를 많이 알고 있는 사람은 더더욱 쉽게 시작할 수 있겠죠? 인스타그램처럼 자투리 시간에 가볍게 사용하는 애플리케이션의 특성상 복잡하고 잘 그린 그림은 처음에는 독자들의 관심을 끌 수 있지만, 나중에는 읽는 사람이 피로감을 느껴 쉽게 이탈할 수 있다는 단점이 있습니다. 이와 반대로 간단하고 쉬운 그림체는 그림에 독자 자신을 투영해 동질감을 느끼게 합니다. 그림 분야에서는 비전문가이지만, 다른 분야에선 전문가인 사람은 내가 알고 있는 전문적인 지식을 보다 많은 사람에게 공유할 수 있고, 학생은 누구나 겪었을 학창 시절의 이야기로 많은 사람의 공감을 얻을 수 있습니다. 인스타툰은 다른 플랫폼의 정식 웹툰에 비해 작업량이 짧고 작가의 일정에 따라 자유롭게 업로드할 수도 있으므로 초보 작가가 시작하기에 부담이 없습니다. 이렇듯 인스타툰은 누구나 쉽게 도전할 수 있고, 내가 알고 있는 이야기를 진정성 있게 그린다면 그림을 잘 그리든, 못 그리든 많은 사람의 사랑을 받을 것입니다.

프로크리에이트

프로크리에이트 로고

프로크리에이트(Procreate)는 오스트레일리아에 본사를 둔 'Savage Interactive Pty Ltd'에서 개발한 아이패드(iPad) 및 아이폰(iphone)용 디지털 페인팅 소프트웨어입니다. 앱스토어에서 '프로크리에이트' 또는 'Procreate'라고 검색하면 앱을 다운로드할 수 있습니다. 프로크리에이트는 실제 드로잉에 가까운 느낌을 표현할 수 있고 인터페이스가 깔끔하며 메뉴가 다양하고 활용도가 높다는 장점 때문에 많은 아티스트가 사용하고 있습니다. 프로크리에이트는 한 번의 구매로 평생 사용할 수 있고 무료 업데이트도 받을 수 있습니다. 또한 기기를 바꿔도 계속 사용할 수 있습니다. 기본으로 제공되는 130개 이상의 다양한 브러시를 이용해 작업할 수 있고 간단한 애니메이션도 제작할 수 있습니다. 특히 포토샵의 PSD 파일로도 저장할 수 있기 때문에 PC나 아이패드의 포토샵과 연동해 작업할 수 있다는 장점도 있습니다.

TIP 프로크리에이트 앱을 다운로드하는 방법

01 아이패드에서 [App Store]를 탭합니다.
02 '프로크리에이트' 또는 'Procreate'라고 검색해 앱을 다운로드합니다(유료 앱이므로 결제를 해야 합니다).
03 다운로드한 프로크리에이트를 탭해 실행합니다.

그림을 그리기 위한 준비물

01 아이패드와 프로크리에이트 앱

인스타툰을 본격적으로 그리는 데 필요한 기본적인 준비물은 아이패드, 애플 펜슬, 프로크리에이트 앱입니다. 물론 일반 스마트폰의 그림판 기능을 사용해 손가락으로도 그릴 수 있지만, 이 책에서는 아이패드에서 프로크리에이트 앱을 사용해 인스타툰을 그리는 법을 설명하고 있으므로 아이패드와 프로크리에이트 앱을 준비합니다. 애플 펜슬은 꼭 준비하지 않아도 되지만, 손가락으로는 표현하기 힘든 정교한 작업을 해야 하는 경우가 있으므로 가능한 한 내 아이패드와 호환되는 펜슬을 준비하는 것이 좋습니다.

아이패드와 애플 펜슬

02 그 밖의 준비물

종이 질감 필름

아이패드로 처음 그림을 그리려고 하면 화면이 미끄러워 마음먹은 대로 그려지지 않는 경우가 많습니다. 이때 종이 질감 필름을 화면에 붙인 후에 그리면 훨씬 수월하게 그릴 수 있습니다. 하지만 애플 펜슬의 펜촉이 빨리 마모되거나 터치감이 무뎌질 수 있으므로 자신에게 맞는 필름을 사용하길 바랍니다.

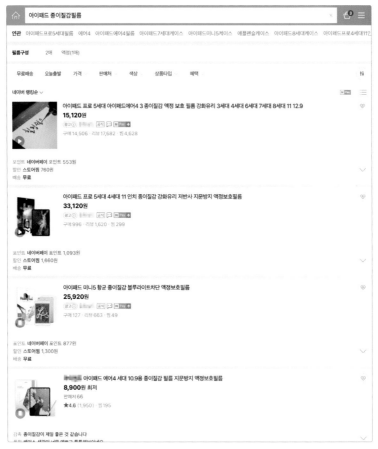

종이 질감 필름(네이버 스마트 스토어)

애플 펜슬 펜촉 커버

아이패드에 필름을 부착하고 싶지 않다면 애플 펜슬의 끝에 커버를 씌우는 방법도 있습니다. 커버 때문에 감도가 떨어질 수는 있지만, 화면에서 펜슬이 미끄러지거나 소리가 나는 것을 방지할 수 있습니다.

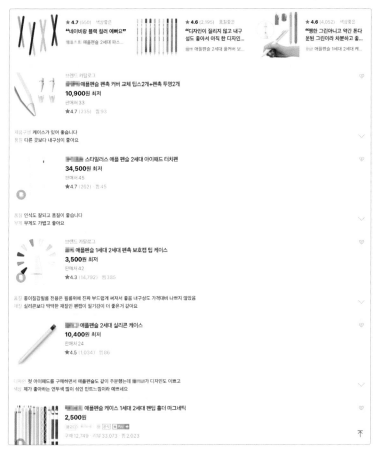

애플 펜슬 펜촉 커버(네이버 스마트 스토어)

애플 펜슬 케이스

애플 펜슬은 보통 연필의 두께와 크게 차이가 나지는 않지만, 손으로 잡았을 때 미끄럽거나 얇다고 느끼는 경우에는 케이스를 씌우기도 합니다. 시중에는 디자인이 예쁘고 그립감이 좋은 애플 펜슬 케이스가 많이 판매되고 있으므로 필요한 경우 구매해 사용하기 바랍니다.

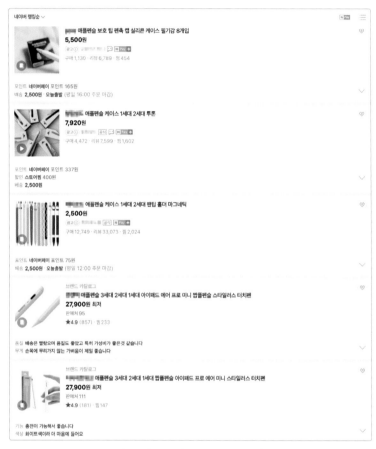

애플 펜슬 케이스(네이버 스마트 스토어)

아이패드 거치대

그림을 그리다 보면 장시간 고개를 숙인 채 작업할 때가 많습니다. 이러한 자세는 거북목을 유발할 수 있고 장기간 작업 시 피로가 누적되는 원인이 되기도 합니다. 아이패드 거치대는 그림을 바른자세로 그릴 수 있게 도와줍니다. 제품에 따라 각도를 조절하는 방법이 다르고 소재, 디자인도 천차만별이므로 본인에게 잘 맞는 제품을 선택하는 것이 좋습니다.

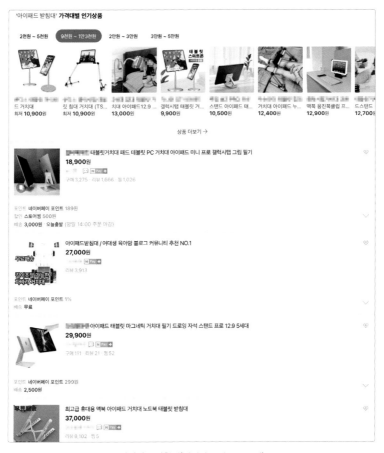

아이패드 받침대(네이버 스마트 스토어)

목차

01 인스타툰 기획하기

02 프로크리에이트로 그리기

03 브러시 직접 만들기

목차

PART
01

인스타툰 기획하기

누구나 가볍게 읽고 쉽게 다가갈 수 있는 웹툰을 그리려고 할 때 가장 먼저 해야 할 일은 어떤 만화를 그릴 것인지 생각하는 것입니다. 그림을 잘 그리는 것도 중요하지만, 다음 화가 궁금해질 만큼의 호기심을 이끌어 내는 것도 중요합니다. 만화의 스토리를 몰입감 있게 설정하면 더욱 재미있는 만화를 그릴 수 있을 것입니다.

01 장르 설정하기

만화의 양식에는 여러 갈래가 있지만, 크게 코믹, 추리, 순정, 로맨스, 학원, 에스에프(SF), 공포물 등으로 나눌 수 있습니다. 보통 인스타툰은 인스타그램 플랫폼의 특성상 10장 이내의 짧은 만화 연재가 주를 이루고 있으며 장편의 만화를 구성하기에는 다소 무리가 있지만, 작가가 원하면 연재 방식으로 업로드할 수 있습니다. 장르와는 상관없이 작가가 원하는 쪽으로 그릴 수 있지만, 인스타그램은 미성년자가 쉽게 접근할 수 있으므로 성인 전용의 장르는 지양해야 합니다.

| 공포 | 추리 | 로맨스 | 액션 |

만화 장르의 예

또한 인스타툰은 다른 웹툰과 달리, 아래로 내리면서 볼 수 없기 때문에 1컷씩 따로 그린 후 순서에 맞게 업로드해야 합니다. 그렇기 때문에 처음 만화의 콘셉트를 정할 때 한 장에 1컷만 그리는 1컷 만화를 그릴 것인지, 한 장에 4컷을 그리는 4컷 만화를 그릴 것인지, 1컷씩 여러 장을 그릴 것인지를 미리 생각하면서 그려야 합니다.

1 컷

4 컷

여러 컷

02 구독자 타깃 정하기

자신의 만화가 재미있고 참신한 소재라서 모두가 좋아할 것 같았는데 막상 업로드하면 별로 인기가 없는 경우도 있고, 자신이 생각하기에는 별로였는데 의외로 많은 사람이 좋아해 주는 경우가 있습니다. 인스타그램에는 10대에서 80대에 이르기까지 폭넓은 사용자가 있으므로 취향이 무척 다양합니다. 나이, 성별, 관심사, 취향 등에 따라 선호하는 만화의 종류가 다르기 때문에 작가의 타깃층에 맞는 소재와 주제를 찾아 그리면 많은 구독자를 확보할 수 있습니다. 예를 들어 학생을 타깃으로 한다면 학원물이나 로맨스물, 직장인을 타깃으로 한다면 직장에서 일어나는 재미있는 에피소드나 퇴근 후의 일상을 그리면 됩니다. 누구나 쉽게 공감할 수 있는 만화라면 입소문만으로도 인기를 얻을 수 있습니다.

성별

직업별

연령별

03 캐릭터 만들기

01 배경

인스타툰을 그리고자 할때 가장 먼저 해야 할 일은 어떤 캐릭터로, 어떤 이야기를 풀어 나갈 것인지 정하는 것입니다. 만약 결혼하지 않은 여학생이 결혼한 주부의 이야기를 그리고 싶다면 실제 주부의 생활을 자세히 알 수 없으므로 독자들의 공감을 얻기 힘듭니다. 물론 조사를 하거나 주변인들에게 정보를 수집할 수도 있겠지만, 작가 자신이 속해 있는 집단을 연구하는 것이 훨씬 더 자연스럽고 많은 공감을 얻을 수 있을 것입니다. 따라서 내 만화의 캐릭터가 어디에 사는지, 주변인들과의 관계는 어떤지, 연령대와 직업은 무엇인지를 상세히 설정해 놓아야 합니다. 작가의 만화 콘셉트에 따라 과거, 현재, 미래 중 하나가 만화의 배경이 될 수도 있고, 인간이 아닌 다른 생명체가 주인공이 되는 경우도 있습니다. 그림 실력이 없다고 하더라도 이렇게 상세히 설정해 놓으면 독자들이 작가가 전달하려는 메시지를 쉽게 이해할 수 있을 것입니다.

캐릭터의 배경 설정하기

02 이름

캐릭터의 배경을 설정한 후에는 이름을 지어야 합니다. 일반적으로 캐릭터는 나 자신을 투영해 그리기 때문에 나의 별명이나 특징을 이용해 짓는 경우가 많습니다. 독자들이 쉽게 기억할 수 있도록 쉽고 간단하게 짓는 것이 좋습니다. 본명을 사용하거나 작가의 신원을 쉽게 유추할 수 있는 이름을 사용하면 나중에 사생활 침해를 당할 수 있으므로 주의해야 합니다. 물론 본명을 사용하고자 할 때는 상관없습니다.

03 성격

그다음으로 고려해야 할 점은 캐릭터의 성격을 설정하는 것입니다. 인스타툰의 특성상 작가 본인을 주인공으로 설정하고 캐릭터의 성격도 작가의 성격을 반영하지만, 다른 콘셉트로 만화를 그리고 싶다면 캐릭터들의 성격을 꼼꼼히 설정해야 합니다. 캐릭터의 성격이 과묵한지, 수다쟁이인지, 다혈질인지, 냉혈한인지, 악당인지, 영웅인지 등을 설정한 후에 이를 일관되게 표현해야 독자들이 그 캐릭터에 몰입할 수 있습니다.

악당 vs. 영웅

친절 vs. 거만

과묵 vs. 수다

04 외적 모습

마지막으로 가장 중요한 캐릭터의 생김새를 구상합니다. 인스타툰을 그리려고 마음먹으면 가장 먼저 캐릭터를 그려 보게 되는데, 앞서 설명했던 캐릭터의 배경이나 성격 등을 고려하지 않고 외적인 모양만을 생각해 그리면 장기적으로 봤을 때 캐릭터가 성장하는 데 어려움이 있을 수 있습니다. 인스타툰에는 현재 약 100만 개 이상의 만화가 업로드돼 있고 그만큼 캐릭터도 많습니다. 수많은 만화 중 내 캐릭터가 돋보이려면 물론 내용도 중요하지만, 캐릭터의 모양도 큰 비중을 차지합니다. 이왕이면 한 번 봤을 때 강렬한 인상을 남기는 것이 좋겠죠? 요즘에는 전형적인 느낌의 그림보다 개성이 넘치는 그림이 독자들의 시선을 끌고 있습니다. 한 번 만들어진 캐릭터는 쉽게 바꿀 수 없으므로 신중하게 결정해야 합니다. 매번 같은 모습으로 그려서 올려야 독자들이 혼란 없이 인지할 수 있으므로 캐릭터가 정해졌다면 그 캐릭터를 많이 연습해 손에 익혀야 합니다.

캐릭터의 여러 가지 외적 모습

05 기타

주변 등장인물을 설정해 주인공 캐릭터와의 관계를 구성합니다. 주인공 캐릭터만 혼자 스토리를 이끌어 나가면 독자도 금방 싫증이 나고 흥미를 잃게 되므로 가족, 친구, 반려동물, 직장 동료 등 주변 인물의 캐릭터도 꼼꼼하게 설정해 새로운 에피소드를 그릴 때 당황하지 않도록 준비해야 합니다.

TIP 캐릭터

다음은 필자가 현재 인스타툰에서 연재하고 있는 '조선비와 아이들'의 캐릭터들입니다. 4인 구성의 가족으로, 실존 인물을 대상으로 그렸습니다. 각 캐릭터마다 성격과 외형이 다르지만, 전체적으로 분위기가 비슷하고, 평범한 가정집의 모습을 배경으로 잡았습니다. 매일매일의 소소한 에피소드를 1컷의 그림일기처럼 표현했습니다. 가족의 일상생활이라는 콘셉트는 누구나 쉽게 공감하고 친근하게 느끼므로 부담 없이 도전할 수 있습니다.

아빠(선비 콘셉트, 갓을 쓰고 있음)　사랑꾼 엄마(단발머리, 평범)　아들(밀리터리 덕후, 먹보)　딸(노랑머리, 핑크 공주)

캐릭터는 크게 아빠–어두운 파랑, 엄마–보라, 아들–녹색, 딸–핑크로 나눴고 외형적인 모습을 참고해 만들었습니다. 1컷 툰이라 가능한 한 말풍선은 따로 만들지 않고 텍스트로만 표시해 색으로 구분했습니다. 이렇게 내 캐릭터만의 특징을 잘 잡고 재미있는 에피소드로 만화를 그리면 많은 독자의 관심을 받을 수 있습니다.

04 소재 찾기

01 일상생활에서 찾기

인스타툰을 그리는 대부분의 작가는 일상생활에서 소재를 찾습니다. 우리의 일상생활에는 의외로 많은 소재가 있습니다. 하루 중 즐거웠던 대화나 기억에 남았던 일을 간단하게 그립니다. 당장 그림을 그리지 못하는 상황이라면 핸드폰이나 메모장에 그 상황을 간단히 적어 두고 나중에 메모된 내용을 보면서 그때의 상황을 떠올려 그림으로 그립니다. 일상에서의 소재는 예전의 추억을 떠올릴 수 있고 많은 사람이 공감하므로 항상 인기가 있습니다.

메모하는 습관

02 특정 배경과 인물에서 찾기

작가가 생각해 놓은 특정 배경이나 인물을 통해 소재를 찾을 수도 있습니다. 이러한 방법은 제한적이지만, 심도 있는 작품을 만드는 데 도움이 될 수 있습니다. 다만 인스타툰처럼 스낵 컬처(Snack Culture, 언제 어디서나 간편하게 즐길 수 있는 문화 소비 트렌드)를 기반으로 한 분야에서 무겁거나 장황한 만화는 구독자가 부담을 느끼므로 가능한 한 가벼운 내용으로 구상하는 것이 좋습니다.

03 반려동물에서 찾기

요즘에는 반려동물을 키우는 사람이 동물과 함께 지냈던 순간을 기록하고 싶어서 인스타툰을 그리는 경우도 많습니다. 동물들은 사람과 달리, 행동으로 의사소통을 하기 때문에 반려동물 툰을 그리고 싶다면 동물들의 모습을 잘 관찰해 사진이나 동영상으로 메모해 둬야 합니다. 그림 실력이 부족하다면 인스타툰을 업로드할 때 앞부분에 내가 그린 그림을 처음에 올리고 뒷부분에 그 이야기의 주인공인 반려동물의 사진을 함께 올리는 것도 구독자들이 이해하는 데 도움이 됩니다.

04 온라인에서 찾기

아무런 소재도 떠오르지 않는다면 인터넷에서 떠돌아다니는 재미있는 이야기, 최근 떠오르는 이슈, 짤 등을 이용해 패러디 방식으로 그려도 좋습니다. 다만, 원작자의 저작물과 유사성이 느껴지지 않도록 자신만의 스타일로 재해석해야 나중에 저작권 등의 문제가 발생하지 않습니다. 유행하는 소재로 그림을 그릴 경우에는 그 유행이 지나가기 전에 업로드해야 독자들의 공감을 얻을 수 있습니다.

05 기념일, 행사, 날씨 등에서 찾기

종종 삼일절이나 한글날 같은 국경일을 기념하거나 발렌타인데이, 어버이날, 크리스마스 등을 축하하기 위해 인스타툰을 그리는 경우가 있습니다. 때로는 첫눈, 무더위, 장마 등을 소재로 이용하기도 합니다. 이처럼 무심코 지나칠 수 있는 일도 좋은 소재가 될 수 있으므로 항상 염두에 둬야 합니다.

06 지난 일기장에서 찾기

예전에 적어 뒀던 일기나 낙서에서도 좋은 소재를 찾을 수 있습니다. 아무리 기억력이 좋아도 몇 년 전에 있었던 일은 자연스레 잊어버리기 마련입니다. 이때 어렸을 때의 일기, 앨범 등을 이용하면 많은 도움이 됩니다. 지금 쓰고 있는 일기도 나중에 좋은 소재로 활용할 수 있으므로 소중하게 보관하는 것이 좋습니다.

PART

02

프로크리에이트로
그리기

인스타툰을 그리는 데는 여러 가지 방법이 있습니다. 이 책은 아이패드 앱인 프로크리에이트를 이용해 인스타툰을 그리는 방법을 설명하고 있으므로 먼저 프로크리에이트라는 프로그램이 무엇인지부터 알아본 후에 기능을 익혀 보겠습니다.

01 프로크리에이트 기본 설명

프로크리에이트로 그림을 그리기 전에 툴의 이름과 사용법을 알아보겠습니다. 처음 앱을 실행하면 나타나는 화면을 '갤러리'라고 합니다. 이곳에는 내가 그렸던 그림이 모여 있고, 언제든지 다시 불러내 그릴 수 있습니다.

[그림 2-1-1] 프로크리에이트 갤러리

❶ **선택:** 내가 작업하던 파일을 선택해 그룹으로 지정하거나 복제, 삭제, 미리보기, 공유 등을 할 수 있습니다.

❷ **가져오기:** 내 디바이스에 저장된 파일이나 외부 클라우드의 파일을 가져올 수 있습니다.

❸ **사진:** 디바이스 사진 폴더 안의 사진을 불러옵니다.

❹ **+:** 새로운 캔버스를 만듭니다.

01 캔버스

오른쪽 위에 있는 + 버튼을 탭해
새로운 캔버스를 만듭니다. 우리
는 인스타툰을 그릴 것이기 때문
에 아래에 나오는 기본 템플릿은
무시하고 '새로운 캔버스' 옆에 있
는 [사용자 지정 캔버스] 아이콘
을 탭합니다.

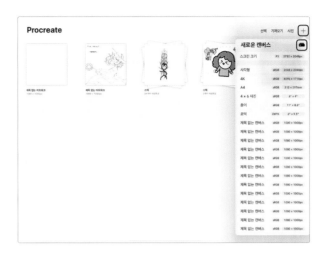

• **크기**: 너비와 높이는 인스타그램
업로드 크기인 1,080px×1,080px
의 정사각형으로 설정합니다. DPI
는 그림의 해상도로, 보통 인스타
툰의 그림은 높은 해상도를 요구하
지 않으므로 기본 설정값인 72로
놓아 두고 그려도 무방합니다. 다
만, 나중에 굿즈 작업을 하거나 해
상도가 높은 그림을 그릴 때는 300
정도로 맞춰 놓고 그리는 것이 좋
습니다. DPI의 수치를 높일수록
만들 수 있는 레이어의 수가 줄어
들므로 주의해야 합니다.

• **색상 프로필:** 색상 프로필은 'RGB'와 'CMRK' 모드로 나뉘는데, 간단하게 RGB는 웹용, CMRK는 인쇄용이라고 생각하면 됩니다. 우리는 인스타툰을 그려 웹에 업로드할 예정이므로 [RGB]를 탭한 후 [Display P3] 또는 [sRGB IEC61966‑2.1]을 선택합니다.

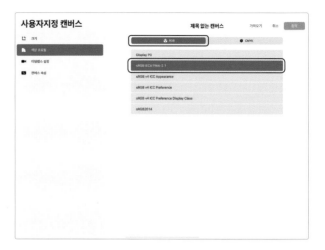

• **타임랩스 설정:** 나의 그림 그리는 과정을 녹화하는 타임랩스의 크기와 품질을 설정할 수 있습니다. 고화질로 설정하면 디바이스의 저장 공간이 부족할 수 있으므로 주의해야 합니다.

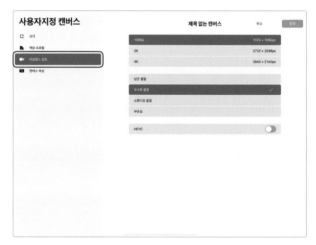

• **캔버스 속성:** 캔버스를 투명하게 바꾸거나 다른 색상으로 바꾸고 싶을 때 설정합니다.

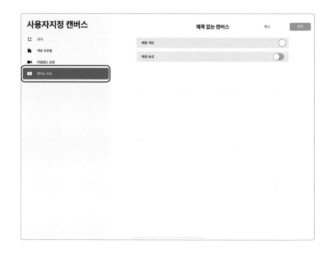

02 인터페이스

프로크리에이트는 초보자도 사용하기 편리하게 직관적이고 간결하게 구성돼 있는 것이 큰 장점입니다. 전체적으로 어떻게 구성돼 있는지 살펴보고, 작업 속도를 높일 수 있는 기능도 알아보겠습니다.

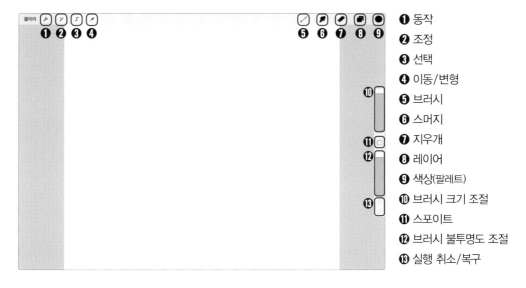

❶ 동작
❷ 조정
❸ 선택
❹ 이동/변형
❺ 브러시
❻ 스머지
❼ 지우개
❽ 레이어
❾ 색상(팔레트)
❿ 브러시 크기 조절
⓫ 스포이트
⓬ 브러시 불투명도 조절
⓭ 실행 취소/복구

❶ 동작 🔧

• **추가:** 작업 중인 캔버스에 파일, 사진, 텍스트를 삽입해 붙여넣거나 잘라 쓸 수 있습니다.

- **캔버스:** 캔버스를 잘라 내거나 크기를 변경할 때 사용합니다. 그림을 수직, 수평으로 뒤집을 수도 있습니다. [애니메이션 어시스트] 기능을 활성화하면 짧은 GIF 애니메이션을 제작할 수 있습니다. [그리기 가이드]는 직선을 그릴 때 유용합니다.

- **공유:** 그림을 그린 후 여러 가지 포맷의 파일로 내보내기할 수 있습니다.

   - **Procreate:** 프로크리에이트의 고유 파일입니다. 내가 작업한 캔버스의 모든 정보가 저장돼 있으므로 그림을 수정하기 편리합니다.
   - **PSD:** 포토샵과 공유하는 파일로, 내가 작업한 레이어가 똑같이 유지돼 컴퓨터의 포토샵에서 작업할 수 있습니다.
   - **PDF:** 문서 파일의 한 형태로, 원본 파일이 유지되며 인쇄할 때 사용합니다.
   - **JPEG:** 가장 일반적인 포맷 방식으로, 모든 레이어가 하나로 합쳐져 있어서 비교적 용량이 작고 공유하기 편리하지만, 수정하기 힘듭니다.
   - **PNG:** 배경을 투명한 상태로 저장할 때 사용합니다. 이모티콘이나 스티커를 제작할 때 유용합니다.
   - **TIFF:** 매우 높은 화질로 저장할 수 있지만, 용량이 크므로 웹 업로드용으로는 적합하지 않습니다.
   - **PDF / PNG 파일:** 레이어를 유지한 파일로 저장합니다.
   - **움직이는 GIF/PNG:** 움직이는 그림, 애니메이션을 제작할 때 사용합니다.
   - **동영상 MP4/움직이는 HEVC:** 애니메이션을 동영상으로 포맷하거나 압축해서 내보낼 때 사용합니다.

• **비디오:** 그림을 그리는 과정을 타임랩스로 녹화해 주는 기능입니다. [타임랩스 녹화]를 활성화하면 나중에 [다시 보기]로 확인할 수 있고 영상을 내보내기로 저장할 수도 있습니다. 하지만 용량을 많이 차지하기 때문에 과정을 녹화하고 싶을 때만 활성화하는 것이 좋습니다.

• **설정:** 그림을 그리기 전에 프로크리에이트를 나에게 맞게 설정할 수 있습니다. 화면의 밝기를 조절하는 밝은 인터페이스와 사이드 바의 위치 조절, 펜슬의 압력 조절, 제스처 등을 설정하면 좀 더 편리한 사용자 환경을 만들 수 있습니다.

• **도움말:** 프로크리에이트 앱에 관련된 고급 설정과 고객 지원, 포트폴리오 웹 사이트를 이용할 수 있습니다.

❷ 조정

[필터] 메뉴와 [색상 조정] 메뉴로 구성돼 있고 그림이나 이미지에 효과를 넣을 수 있으며 색을 조정할 수도 있습니다.

❸ 선택 ⟲

내가 그린 그림의 일부 영역을 지정할 때나 선택한 영역만 편집 또는 변형하고 싶을 때 사용합니다. [선택] 툴을 탭하면 아래쪽에 다음과 같은 메뉴 바가 나타납니다.

- **자동:** 한 번 탭하면 해당 영역을 자동으로 지정할 수 있습니다.
- **올가미:** 해당 영역을 직접 그려서 선택할 수 있습니다.
- **직사각형:** 원하는 부분을 직사각형 모양으로 선택할 수 있습니다.
- **타원:** 원하는 부분을 타원 모양으로 선택할 수 있습니다.

❹ 이동/변형 ↗

[선택] 툴로 지정한 영역을 이동시키거나 크기, 형태, 기울기 등을 변형할 수 있습니다.

- **자유 형태:** 형태를 자유롭게 변형할 수 있습니다.
- **균등:** 형태의 변형 없이 크기를 원래의 비율로 조절할 수 있습니다.
- **왜곡:** 원근감 있는 모양으로 변형할 수 있습니다.
- **뒤틀기:** 세밀한 작업으로 형태를 비틀어 왜곡할 수 있습니다.

❺ 브러시 ✎

드로잉의 기초가 되는 연필을 비롯해 채색을 하기 위한 다양한 붓 모양의 브러시가 있습니다. 나중에 추가로 다운로드해 사용할 수 있으므로 하나씩 테스트해 본 후 나에게 맞는 브러시를 선택해 그림을 그립니다.

❻ 스머지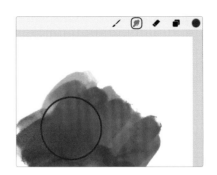

'문지르기' 기능이 있는 손가락 모양의 아이콘으로, 채색할 때 사용합니다. 서로 다른 색의 경계선을 문질러 자연스럽게 블렌딩해 자연스러운 색감으로 만듭니다.

❼ 지우개

내가 선택한 브러시의 모양대로 지울 수 있습니다. 복잡한 모양의 브러시보다는 간단한 모양의 브러시로 지우는 것을 권장합니다.

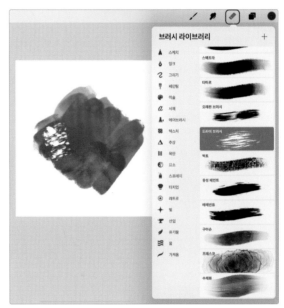

❽ 레이어

디지털 드로잉에서 가장 중요합니다. 그림은 대개 레이어를 겹겹이 쌓아올리면서 완성하게 되는데, 분리하지 않고 레이어 한 장에 스케치와 채색을 함께하면 특정 부분에만 효과를 주거나 수정하기 힘들기 때문에 반드시 구분해 주는 것이 좋습니다. 화면상에서는 가장 위에 있는 레이어의 그림이 나타나므로 레이어를 적절히 배치해가며 그림을 그려야 합니다. 선택된 레이어에만 그림을 그릴 수 있고 효과도 줄 수 있으므로 레이어를 이동할 때는 반드시 확인해야 합니다. 레이어를 탭하면 보이는 + 버튼으로 레이어를 추가할 수 있습니다.

❾ 색상(팔레트) ●

동그라미를 탭해 나타나는 팔레트에서 내가 원하는 색상을 골라 채색할 수 있습니다. 다양한 팔레트의 메뉴가 있으므로 내가 사용하기 편한 팔레트를 골라서 작업합니다. 이 책에서는 디스크 모양을 사용했습니다.

❿ 브러시 크기 조절

사이드 바의 위쪽에 위치하고 있고 크기는 슬라이더를 위아래로 쓸어 조절합니다.

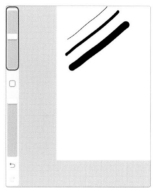

⓫ 스포이트

사이드 바의 가운데에 있는 작은 네모를 탭하면 원하는 색상을 추출할 수 있습니다.

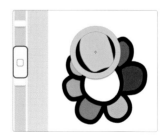

⓬ 브러시 불투명도 조절

사이드 바의 아래쪽에 위치하고 있고 브러시의 불투명도는 슬라이더를 위아래로 쓸어 조절합니다.

⓭ 실행 취소/복구

사이드 바 슬라이더의 아래쪽에 화살표 모양으로 표시돼 있습니다. 위쪽 화살표가 [실행 취소], 아래쪽 화살표가 [복구]입니다.

지금까지 프로크리에이트의 기능을 간단하게 살펴봤습니다. 생각보다 기능이 많고 어려워 보이지만, 실제로 그림을 그리다 보면 금방 익숙해집니다. 기능에 대한 좀 더 자세한 내용은 함께 그려 보면서 알아보겠습니다.

03 제스처

프로크리에이트에는 알아 두면 유용하고 편리한 제스처(Gesture) 기능이 있습니다. 많은 제스처가 있지만, 간단하게 몇 가지만 살펴본 후에 그림을 그려 보겠습니다. 처음에는 조금 불편하지만 손에 익숙해지면 정말 편리한 기능입니다.

· **캔버스 축소, 확대, 회전:** 스마트폰을 사용할 때처럼 작은 부분을 확대해 보거나 멀리서 볼 때 사용할 수 있습니다. 두 손가락을 이용해 모았다 벌렸다 하면서 축소하거나 확대합니다. 두 손가락으로 화면을 누른 채 둥글게 움직이면 캔버스를 원하는 각도로 회전할 수 있습니다.

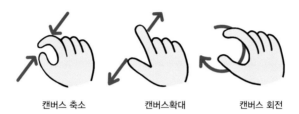

캔버스 축소   캔버스확대   캔버스 회전

· **실행 취소(전단계 돌아가기):** 그림을 그리다가 실행 취소를 하고 싶을 때는 두 손가락으로 화면을 한 번 탭하면 전단계로 돌아갑니다. 두 손가락을 꾹 누르고 있으면 연속으로 되돌아 가기가 빠르게 실행됩니다.

· **복구(되살리기):** 실행 취소를 했다가 다시 복구하려면 세 손가락을 화면에 대고 한 번 탭합니다. 세 손가락을 꾹 누르고 있으면 연속으로 다시 빠르게 복구됩니다.

· **전체 화면:** 네 손가락으로 화면을 한 번 탭하면 주변 메뉴가 사라지고 내 그림만 화면에 나타납니다. 다시 한번 네 손가락으로 한 번 탭하면 메뉴를 볼 수 있습니다.

• **편집 메뉴**: 세 손가락으로 화면의 위나 아래로 쓸어 내리면 편집 메뉴가 나타납니다. 복사하기, 잘라 내기, 붙여 넣기 등과 같은 기능을 빠르게 사용할 수 있습니다.

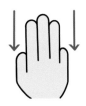

• **레이어 제스처**: 레이어 목록에서 두 손가락을 이용해 오른쪽으로 밀면 알파 채널 잠금이 설정됩니다.

TIP 알파 채널 잠금

알파 채널 잠금은 설정한 해당 레이어의 이미지를 오린 듯이 그 이미지만 남겨 두고 나머지는 투명한 상태로 만들어 그림을 그린 부분에만 덧칠할 수 있도록 해 주는 기능입니다. 투명한 부분에는 아무것도 칠해지지 않기 때문에 그림의 질감이나 그림자 등을 표현할 때 편리합니다. 좀 더 심도 있는 그림을 그릴 때는 클리핑 마스크 기능을 사용하길 권장합니다.

• **레이어 잠금, 복제, 삭제:** 레이어 목록에서 한 손가락으로 왼쪽으로 밀면 [잠금], [복제], [삭제] 메뉴가 나타납니다. 잠금 설정을 하면 레이어가 삭제되지 않고, 복제 설정을 하면 똑같은 레이어가 하나 더 생깁니다. 필요 없는 레이어는 [삭제]를 탭해 없앨 수 있습니다.

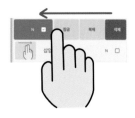

유튜브 '조선비와 이이들' 채널의 동영상을 참고하면 좀 더 쉽게 이해할 수 있습니다.

02 내 인스타툰 캐릭터 만들기

인스타툰은 일반 웹툰에 비해 컷 수가 작기 때문에 등장 캐릭터가 확실히 부각돼야 독자들의 머릿속에 좀 더 깊은 인상을 남길 수 있습니다. 캐릭터가 귀엽고 매력이 있으면 다음 이야기도 계속 챙겨 보고 싶고 기대가 되기 때문에 처음 설정 시 콘셉트를 잘 잡아야 합니다.

처음 콘셉트의 방향을 어떻게 잡아야 할지 난감하다면 가볍게 생각해 봅니다. 주인공의 성격, 말투, 버릇 등을 생각한 후 헤어스타일, 옷 입는 스타일, 사회적 위치 등을 차례대로 생각합니다. 이렇게 순차적으로 정한 캐릭터를 종이에 적어 정리해 둡니다. 나중에 잊어버렸거나 캐릭터의 콘셉트를 바꿔야 할 때 적어 둔 메모를 보면서 수정하면 많은 도움이 됩니다.

다양한 헤어 스타일

📝 주인공/20대/여자/이름 ○○(또는 닉네임)/회사원/시원시원한 성격/거침 없는 말투와 행동/옅은 갈색 단발 파마 머리/푸른색 계열의 옷을 즐겨 입음/남자 친구 있음/자취 중/고양이 한 마리 키움/취미는 필라테스/주인공 남자 친구/20대/이름(또는 애칭)/회사원/조용하지만 할 말은 다하는 성격/짧은 스포츠 머리/회색 계열의 옷을 즐겨 입음/부모님과 함께 살고 있음/취미는 영화 감상

캐릭터를 설정했다면 이제 그 캐릭터를 어떤 모습으로 나타낼 것인지도 생각해 봅니다. 보통 주인공 캐릭터는 작가 자신의 모습이 제일 많이 반영되기도 하는데, 특별한 모습을 생각해 뒀다면 미디어나 잡지 등에서 캐릭터의 모습을 참고해 구상할 수도 있습니다. 그리고 캐릭터의 모습을 결정한 후에는 수십 번 연습해 매번 같은 모습의 캐릭터를 그릴 수 있도록 해야 합니다. 업로드할 때마다 캐릭터들의 모습이 다르면 독자들이 혼란스러울 것입니다.

옷의 종류   여러 가지 표정

내가 정한 캐릭터를 프로크리에이트로 그려 보자

필자는 현재 연재하고 있는 '조선비와 아이들' 인스타툰의 한 가지 캐릭터를 예를 들어 그려 보겠지만, 본인이 생각한 캐릭터를 떠올리며 연습해 보기 바랍니다.

01 프로크리에이트 앱을 실행한 후 갤러리의 오른쪽 위에 있는 + 버튼을 탭해 [새로운 캔버스 만들기]에서 크기를 1,080×1,080px로 설정합니다. 브러시 아이콘을 탭해 원하는 브러시를 선택한 후 색상 원에서 원하는 색을 선택합니다.

02 캔버스 옆에 있는 브러시 크기와 투명도를 조절합니다. 머리 부분을 그립니다. 보통 머리는 둥근 모양이므로 대충 원을 그린 후 펜을 떼지 않고 유지하면 매끄러운 동그라미 모양으로 수정됩니다(퀵셰이프 활성화 – 직선에도 적용됨). 이 상태에서 더 완벽한 원을 만들고 싶다면 위쪽에 있는 [모양 편집] 메뉴를 탭합니다. 원하는 모양을 선택하면 내가 그린 원이 그 모양대로 바뀝니다. 또는 원의 중간에 있는 파란색 점을 이용해 원하는 모양을 바꿀 수도 있습니다.

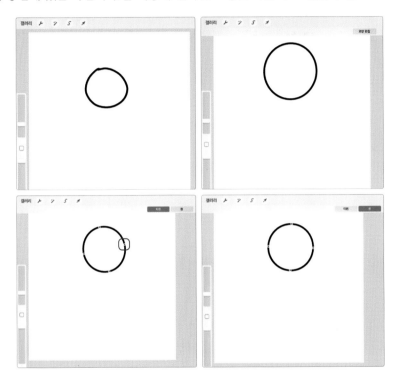

03 몸통 부분도 그립니다. 신체 비율이 어렵다면 잡지 사진이나 따라 그리기 쉬운 캐릭터 등을 참고해 그립니다.

04 캐릭터를 옷, 신발, 가방 등으로 꾸밉니다.

05 얼굴 표정도 그립니다. 표정은 만화의 내용에 따라 매번 바뀌므로 표정별로 많이 연습해 둡니다.

06 캐릭터가 완성됐습니다. 이와 같은 방법으로 캐릭터를 만들어 봅니다.

03 밑그림 그리기

인스타툰을 그릴 준비를 모두 마쳤다면 밑그림(콘티)을 그려 보겠습니다. 밑그림은 만화의 대략적인 형태와 연출, 말풍선의 위치 등을 잡아 주는 1차적인 스케치로, 밑그림 없이 작업하다 보면 처음에 생각해 놓았던 내용을 잊어버리기 쉽습니다. 하지만 밑그림에 너무 정성을 들이면 시간도 많이 소모되고 그렸던 것을 다시 그려야 하는 수고를 해야 하므로 나만 알아볼 수 있을 정도만 그려 둡니다. 밑그림은 수시로 종이에 그려 보관했다가 아이패드로 작업해도 좋지만, 보통은 콘티 그림 위에 덧씌워 그리기 때문에 바로 프로크리에이트에 그려도 무방합니다. 밑그림은 나중에 지울 것이므로 조금 지저분하게 그려도 됩니다. 생각해 놓은 소재로 밑그림을 그려 보겠습니다.

4컷 만화 밑그림 그리기   밑그림 위 선 따기   채색하기

밑그림을 자세하게 그려 보자

필자가 주로 작업하는 방식인 1컷 툰으로 밑그림 작업을 연습해 보겠습니다. 인스타툰은 10장 이내의 그림을 1컷씩 연달아 업로드하는 방식이기 때문에 1컷씩 그리는 연습을 많이 해야 합니다.

01 프로크리에이트를 실행한 후 갤러리 화면에서 새 캔버스를 만듭니다.

02 갤러리의 오른쪽 위에 있는 + 버튼을 탭한 후 이전에 연습했던 1,080×1,080px 크기의 템플릿을 선택합니다. 만약 없다면 [사용자 지정 캔버스] 아이콘 을 탭한 후 1,080×1,080px 크기를 설정해 새 캔버스를 엽니다.

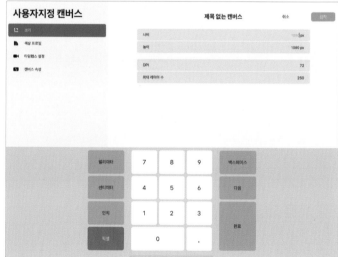

03 새 캔버스가 만들어지면 [브러시] 메뉴를 탭해 원하는 브러시를 선택합니다. 연필 브러시를 선택하면 종이에 그린 듯한 자연스러운 느낌으로 그릴 수 있습니다(**에**필자가 사용한 브러시: 시예 – 모노라인).

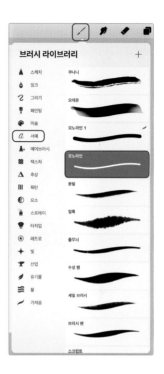

04 [색상] 메뉴를 탭해 원하는 색상을 선택합니다. 밑그림은 나중에 투명도를 조절해야 하므로 가능한 한 눈에 잘 띄는 색으로 설정하는 것이 좋습니다(**에**검정, 빨강 등).

05 사이드 바의 브러시 크기를 설정합니다. 너무 크지 않은 크기로 그립니다(사이드 바의 위치를 옮기고 싶다면 [동작]−[설정]−[오른손 인터페이스]로 설정합니다).

06 캔버스에 생각해 놓은 소재를 생각하면서 위치를 잡습니다. 인물과 배경 중 좀 더 중요한 요소를 중점적으로 그립니다.

그림의 소재가 인물일 때

그림의 소재가 배경일 때

04 라인 그리기

그려 놓은 밑그림을 바탕으로 선 따기를 해 보겠습니다. 업로드할 그림이므로 특별히 신경 써서 그립니다.

01 프로크리에이트 앱을 실행합니다. 갤러리에서 기존에 그려 놓았던 밑그림을 엽니다.

02 [밑그림] 레이어의 불투명도를 30% 이하로 낮춥니다.

03 레이어를 추가한 후 레이어의 이름을 '라인'으로 바꿉니다. 이때 [라인] 레이어는 [밑그림] 레이어의 위에 있어야 합니다.

04 브러시의 종류, 브러시의 두께, 색상을 선택합니다.

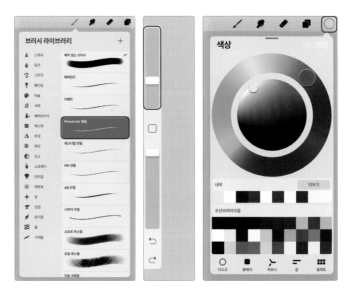

05 새로 추가한 레이어 위에 투명도를 조절한 밑그림을 참고해 따라 그립니다(동그라미나 직선의 경우, 퀵셰이프 기능을 이용해 그리면 편리합니다).

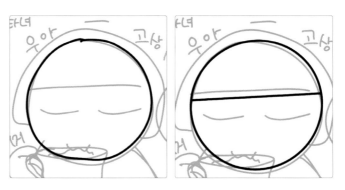

06 잘못 그린 부분이나 그림이 겹치는 부분은 지우개를 이용해 지웁니다. 지우개의 크기와 투명도도 사이드 바에서 조절할 수 있습니다.

07 텍스트를 삽입합니다. 손으로 써도 상관없지만, 손글씨에 자신이 없거나 긴 대사를 써야 할 때 이용하면 좋습니다. [동작] – [추가] – [텍스트 추가]를 선택합니다.

08 텍스트 박스를 탭해 선택한 후 키보드에서 내가 원하는 텍스트를 입력합니다.

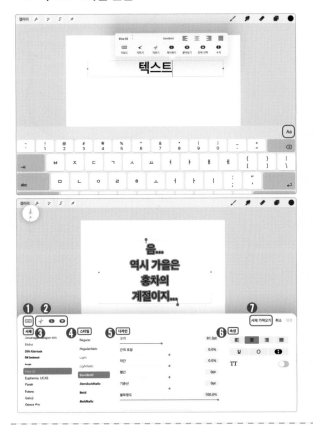

원하는 문구를 입력한 후 키보드의 오른쪽 위에 있는 [Aa]를 탭합니다. 이 버튼은 폰트를 꾸밀 수 있는 [스타일 편집] 메뉴입니다.

❶ 다시 텍스트 편집으로 돌아갑니다.

❷ 텍스트를 자르거나, 복사하거나, 붙여넣을 수 있습니다.

❸ 서체: 서체의 종류입니다.

❹ 스타일: 폰트의 굵기나 기울기를 선택할 수 있습니다.

❺ 디자인: 폰트의 크기, 간격, 자간 등을 설정할 수 있습니다. .

❻ 속성: 텍스트의 정렬 방식, 밑줄 등을 설정할 수 있습니다.

❼ 서체 가져오기: 외부에서 다른 폰트를 가져올 수 있습니다.

09 텍스트를 원하는 곳에 배치해 그림을 완성합니다.

10 모두 그렸으면 레이어에서 [밑그림] 레이어를 왼쪽으로 밀어 삭제합니다. 나중에 다시 사용하려면 체크박스를 해제합니다.

레이어 삭제　　　　　체크 표시 해제하기

11 전체적으로 어색하거나 수정해야 할 부분이 있는지 체크한 후에 완성합니다.

05 채색하기

라인까지 모두 그렸다면 이제 채색해 보겠습니다. 프로크리에이트를 실행한 후 이전 작업물을 불러옵니다.

01 새로운 레이어를 추가한 후 이름을 '채색'으로 바꿉니다.

02 [채색] 레이어를 누른 채 [라인] 레이어의 아래로 이동시킵니다.

03 [라인] 레이어의 메뉴를 연 후 [레퍼런스]를 선택합니다.

TIP 레퍼런스

레퍼런스(Reference)의 사전적 정의는 '참고', '참조'로, 프로크리에이트에서 [밑그림] 레이어와 [채색] 레이어를 나눠 그릴 때 이 레퍼런스 기능을 이용하면 좀 더 쉽게 채색할 수 있습니다. 프로크리에이트에서 채색할 때는 레이어를 분리하지 않고 바로 밑그림 위에 채색하는 방법, 밑그림을 그린 후 새로운 레이어 위에 컬러 드롭으로 채색하는 방법, 컬러 드롭을 사용하지 않고 일일이 채색하는 방법이 있습니다. 두 번째 방법처럼 컬러 드롭으로 채색할 경우, 레퍼런스를 걸어 두지 않으면 컬러 드롭을 했을 때 밑그림의 선 안이 아니라 캔버스 전체에 색이 채워집니다. 레퍼런스 기능을 이용하면 빠른 시간에 채색할 수 있습니다. 다만, 브러시의 질감에 따라 레퍼런스가 적용되지 않는 경우가 있으므로 레퍼런스에 적용되지 않을 때는 직접 채색해야 합니다.

---

04 [채색] 레이어를 다시 한번 탭한 후 색상을 열어 원하는 색을 선택합니다.

05 선택한 색상을 펜슬로 콕 찍은 후 그림으로 끌어다 놓아 채웁니다.

06 다른 빈 곳에도 다른 색상을 선택한 후 끌어다 놓아 채웁니다.

07 색상을 모두 채웠다면 레이어를 하나 더 추가한 후 이름을 '배경색'으로 바꿉니다. 이 [배경색] 레이어를 [채색] 레이어의 아래쪽으로 옮깁니다.

08 [배경색] 레이어를 탭해 지금까지 그렸던 그림의 배경을 칠합니다. 내 그림과 어울리지 않는다면 굳이 칠할 필요는 없습니다.

09 전체적으로 수정할 곳이 있는지 다시 한번 확인하고 그림을 완성합니다.

06 저장하기 / 내보내기

내가 그리던 그림을 따로 저장하지 않고 갤러리 화면으로 나가도 그림은 자동으로 저장됩니다. 하지만 우리는 인스타그램에 업로드해야 하므로 따로 저장하는 방법을 알아보겠습니다.

01 [동작] – [공유]를 차례대로 탭합니다.

02 일반적으로는 JPEG로 포맷해 웹에 업로드하지만, 투명한 배경으로 저장하거나 다른 용도로 쓰고자 한다면 PNG 파일을 선택해야 합니다.

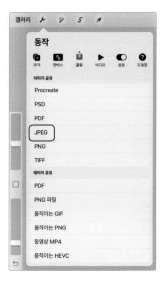

03 [내보내는 중]이라는 창이 나타난 후 다시 어디로 내보낼 것인지를 물어보는 창이 나타납니다. 여기서는 디바이스에 저장할 것이기 때문에 [이미지 저장]을 탭합니다.

04 [내보내기 성공!]이라는 창이 나타나면 저장하기가 완료됩니다.

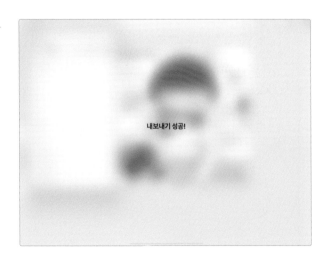

05 디바이스의 [사진]을 탭하면 내가 저장한 그림을 볼 수 있습니다. 이 그림을 인스타그램에 업로드하면 됩니다.

07 클리핑 마스크

앞서 설명했던 알파 채널 잠금의 기능과 클리핑 마스크 기능은 비슷하지만, 용도에 따라 다르게 쓰이기도 합니다. 무늬가 많은 그림을 그리고 싶거나 그림자로 입체적인 느낌을 주고자 할 때 편리하게 사용할 수 있습니다. 무늬가 많은 그림을 그릴 때 선 밖으로 삐져나갈까 봐 걱정하지 않고 편하게 칠할 수 있고 알파 채널 잠금보다는 좀 더 세밀하게 작업할 수 있는 클리핑 마스크의 기능을 알아보겠습니다.

01 프로크리에이트 앱을 실행해 새로운 캔버스를 만든 후 브러시로 그림을 그립니다.

02 이전의 색칠하기와 마찬가지로 레퍼런스를 적용해 채색합니다.

03 채색을 완료한 후 새로운 레이어를 만듭니다. 여기서는 녹색 부분의 옷에 무늬를 그려 보겠습니다.

04 새로운 레이어를 [라인] 레이어와 [채색] 레이어의 사이로 옮깁니다.

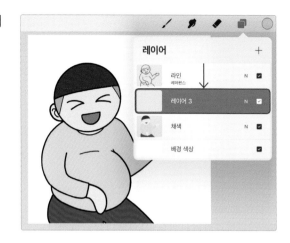

05 [레이어 3]을 탭한 후 [클리핑 마스크]를 선택합니다.

06 레이어 섬네일의 옆 부분에 작은 화살표가 생겼는지 확인합니다. 화살표는 이 레이어가 클리핑 마스크 적용돼 아래쪽의 레이어에 그려진 그림의 영향을 받는다는 뜻입니다.

07 이제 녹색 부분의 옷에 무늬를 그려 보겠습니다. 색상표에서 원하는 색상을 선택합니다.

08 선택한 색상을 녹색 부분의 옷에 여기 저기 덧칠합니다. 이때 라인 밖으로 색깔이 삐져나오지 않아 색을 깔끔하고 편리하게 칠할 수 있습니다.

09 여러 색깔을 골고루 칠하면 완성! 만약 무늬가 마음에 들지 않으면 클리핑 마스크를 적용한 레이어만 삭제하고 새 레이어를 추가해 다시 그릴 수 있습니다.

08 4컷 만화

인스타툰은 여러 가지의 형태의 그림으로 그려 연재할 수 있습니다. 인스타툰의 종류에는 한 장에 그리는 일러스트 형태의 1컷 툰, 한 장으로 그리지만 컷은 나눠 그린 4컷 툰, 한 장씩 그린 다음 내용을 연결해 그리는 SNS 전용 툰이 있습니다. 이번에는 4컷 툰을 그리는 방법을 알아보겠습니다. 4컷 툰에서도 칸을 여러 가지 모양으로 나눌 수 있지만, 여기서는 기본 형태의 정사각형으로 그려 보겠습니다.

01 4칸 만들기

01 프로크리에이트 앱을 실행한 후 갤러리의 오른쪽 위에 있는 + 버튼을 탭하고 이전에 연습했던 1,080×1,080px 크기의 템플릿을 선택합니다. 만약 없다면 [사용자 지정 캔버스]아이콘 📇을 탭한 후 1,080×1,080px 크기를 설정해 새 캔버스를 엽니다.

02 [동작] – [캔버스] – [그리기 가이드]를 활성화합니다.

03 [동작] – [캔버스] – [그리기 가이드 편집]을 탭해 격자의 크기를 '270'으로 설정합니다.

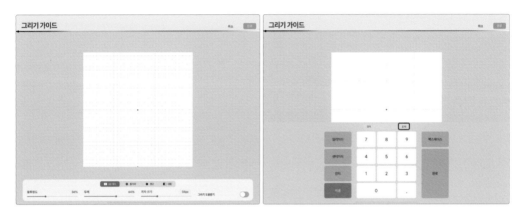

04 브러시를 선택한 후 사이드 바에서 브러시의 굵기와 투명도
를 설정합니다. 이때 선의 굵기는 너무 굵지 않게 설정합니다.

05 캔버스를 보면 크게 가로, 세로 각 4칸이 생긴 것을 볼 수 있습니다. 칸 2개를 1컷으로 생각하고 퀵셰이프를 사용해 직선을 그립니다.

06 나머지 선들도 그려 정사각형을 만듭니다. 이때도 퀵셰이프를 사용합니다.

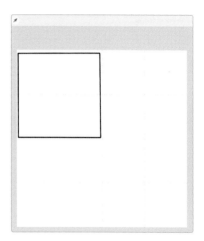

07 모두 그렸으면 세 손가락으로 화면을 쓸어내립니다. 메뉴 바가 나타나면 [복사하기]를 탭합니다. 그런 다음 다시 세 손가락으로 화면을 쓸어내려 메뉴 바를 나타나게 하고 [붙여넣기]를 탭합니다.

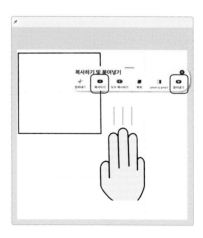

08 [이동] 툴을 선택한 후 복사된 그림을 콕 찍어 옆으로 밀어 이동시킵니다. 두 번째 칸이 생겼습니다.

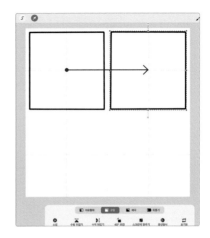

09 세 번째 칸을 만들기 위해 다시 세 손가락으로 화면을 쓸어내립니다. 메뉴 바가 나타나면 [복사하기]를 탭합니다. 그런 다음 다시 세 손가락으로 화면을 쓸어내려 메뉴 바를 나타나게 하고 [붙여넣기]를 탭합니다.

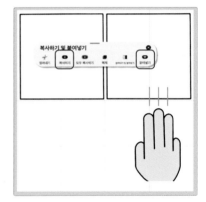

10 다시 [이동] 툴을 선택한 후 복사된 그림을 콕 찍고 아래로 밀어 이동시킵니다.

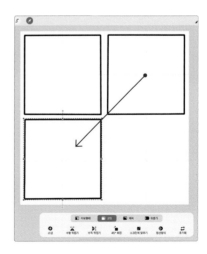

11 마지막 칸을 만들기 위해 다시 세 손가락으로 화면을 쓸어내립니다. 메뉴 바가 나타나면 [복사하기]를 탭합니다. 그런 다음 다시 세 손가락으로 화면을 쓸어내려 메뉴 바를 나타나게 하고 [붙여넣기]를 탭합니다.

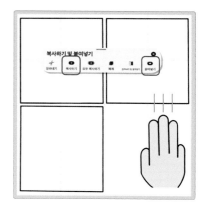

12 다시 [이동] 툴을 선택한 후 복사된 그림을 콕 찍고 옆으로 밀어 이동시킵니다. 마지막 칸이 생겼습니다.

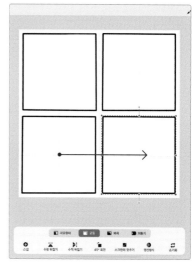

13 4개의 칸이 모두 만들어졌으면 이제 제목을 적을 자리를 만듭니다. 제목은 작가의 스타일에 따라 툰의 앞부분에 한 장으로 따로 만들어 4컷 만화와 같이 업로드하기도 하고 필자처럼 4컷 만화 위에 적기도 합니다. 제목을 적을 자리를 만들기 위해 그렸던 레이어를 모두 합치겠습니다. 레이어 목록에서 합치고 싶은 레이어들을 두 손가락으로 좁힙니다.

14 레이어 목록에서 합쳐진 레이어를 선택합니다.

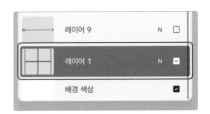

15 [이동] 툴을 선택한 후 모서리 부분을 찍어 크기를 줄입니다.

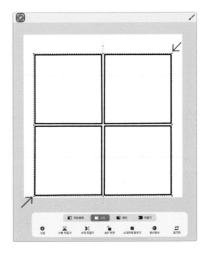

16 위쪽에 제목이 들어갈 자리가 생겼습니다.

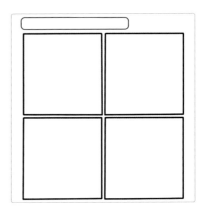

02 라인 그리기

01 칸을 모두 만들었으므로 이제 밑그림을 그려야 합니다. 레이어 목록을 연 후 + 버튼을 탭해 새로운 레이어를 추가합니다.

02 새로 만든 레이어에 4컷에 맞춰 밑그림을 그립니다. 나중에 삭제할 그림이므로 나만 알아볼 수 있을 정도로 대충 그립니다.

03 [밑그림] 레이어의 불투명도를 30% 이하로 낮춥니다.

04 + 버튼을 탭해 새로운 레이어를 만든 후 이름을 '라
인'으로 바꿉니다.

05 브러시를 선택한 후 밑그림을 따라 그립니다.

06 라인을 모두 그렸으면 레이어에서 [밑그림] 레이어를 왼쪽으로 밀어 삭제합니다. 나중에 다
시 사용하려면 체크 박스를 해제합니다. 본문에서는 체크 박스만 해제했습니다. 마지막으로 수
정할 곳이 없는지 꼼꼼하게 확인합니다.

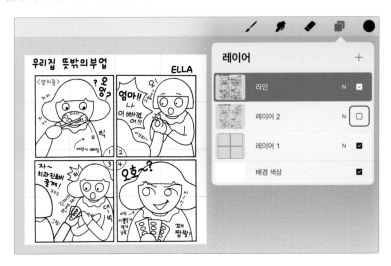

03 채색하기

01 레이어 목록의 위쪽에 있는 + 버튼을 탭해 새로운 레이어를 만듭니다. 레이어의 이름은 [채색]으로 바꿉니다.

02 [채색] 레이어를 [라인] 레이어의 아래로 이동합니다.

03 레퍼런스를 적용하기 위해 [채색] 레이어와 4칸이 그려져 있는 [레이어 1] 레이어를 합치겠습니다. [라인] 레이어와 [레이어 1] 레이어를 두 손가락으로 합칩니다.

04 레이어가 하나로 합쳐졌습니다.

05 채색하기 위해 라인 레이어에 레퍼런스를 적용합니다.

06 레이어 목록에서 [채색] 레이어를 선택한 후 색상표에서 원하는 색깔을 고르고 색을 채웁니다.

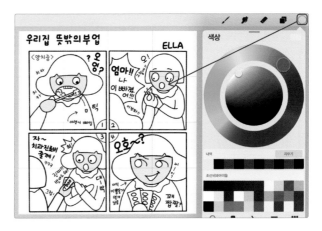

07 나머지 색깔도 모두 채웁니다.

08 배경색을 채우기 위해 레이어 목록을 열어 새로운 레이어를 만듭니다. 나의 그림 스타일과 맞지 않는다면 굳이 배경색을 채우지 않아도 됩니다. [채색] 레이어 아래로 이동시킨 후 이름을 '배경'으로 바꿉니다.

09 배경을 옅은 색으로 칠해 그림을 완성합니다.

09 여러 컷 만화

여러 컷 만화는 인스타툰에서 많은 작가가 주로 사용하는 방식인 글씨와 간단한 등장인물로 이뤄져 있습니다. 한 장씩 따로 그려 순서에 맞게 인스타그램에 업로드합니다. 10장 이내의 임팩트 있는 내용으로 마무리해야 독자들의 공감을 얻을 수 있습니다.

01 밑그림 그리기

01 프로크리에이트 앱을 실행한 후 갤러리의 오른쪽 위에 있는 + 버튼을 탭하고 이전에 연습했던 1,080×1,080px 크기의 템플릿을 선택합니다. 만약 없다면 [사용자 지정 캔버스] 아이콘 🗂 을 탭한 후 1,080×1,080px 크기를 설정해 새 캔버스를 엽니다.

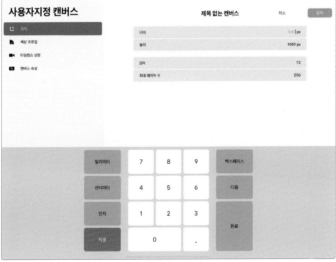

02 브러시를 선택한 후 두께와 투명도를 설정합니다. 밑
그림을 대충 그립니다.

03 레이어 목록에서 새로운 레이어를 만든 후 이름을 '라
인1'로 바꿉니다.

04 [밑그림] 레이어인 [레이어 1]의 불투명도를 30% 이
하로 낮춥니다.

05 다시 [라인1] 레이어를
탭한 후 밑그림을 참고해
선을 그립니다.

06 선을 모두 그렸으면 레이어 목록의 + 버튼을 탭해
새로운 레이어를 만든 후 이름을 '채색'으로 바꿉니
다. 그런 다음 [채색] 레이어를 [라인1] 레이어 아래로
이동시킵니다.

07 다시 [라인1] 레이어로 돌아가 레퍼런스를 적용합
니다. 레퍼런스가 잘 적용됐는지 확인합니다.

08 레이어 목록에서
[채색] 레이어를 탭한
후 색상표에서 색상
을 선택합니다. 선택
한 색상을 콕 찍어 색
상을 채울 부분까지
끌어다 채웁니다.

09 선으로 가두지 않은 곳은 색상 끌어오기를 하지 않고
그냥 브러시로 칠합니다.

10 색상을 바꿔가며 모두 채웁니다.

11 레이어 목록의 +
버튼을 탭해 새로운
레이어를 만듭니다.

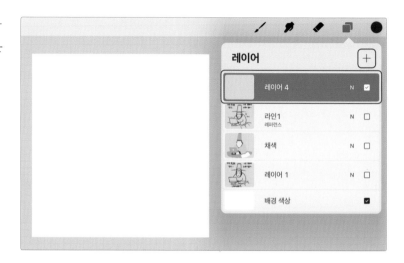

12 새로 만든 레이어에 두 번째 장의 밑그림을 그립니다.

13 레이어 목록의 + 버튼을 탭해 새로운 레이어를 만든 후 이름을 '라인2'로 바꿉니다.

14 밑그림이 그려진 [레이어 4]의 불투명도를 30% 이하로 설정합니다.

15 불투명도를 조절한 밑그림을 참고해 선을 그립니다.

16 레이어 목록의 + 버튼을 탭해 새로운 레이어를 만든 후 이름을 '채색2'로 바꾸고 [라인2] 레이어 아래로 이동시킵니다.

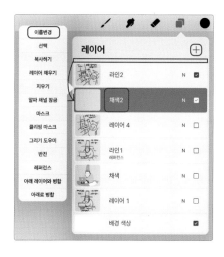

17 [라인2] 레이어로 돌아가 레퍼런스를 적용합니다.

18 [채색2] 레이어를 탭한 후 색상표에서 색상을 선택합니다. 선택한 색상을 콕 찍어 색상을 채울 부분까지 끌어다 채웁니다.

19 나머지 부분도 색상을 바꿔가며 모두 채웁니다.

20 레이어 목록의 +
버튼을 탭해 새로운
레이어를 만듭니다.

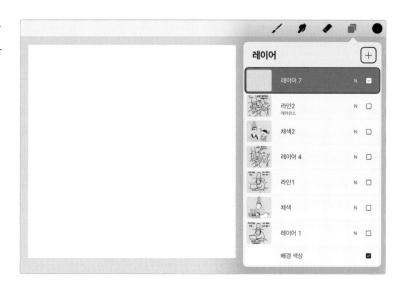

21 이전에 했던 작업과 마찬가지로 밑그림을 그린 후
새로운 레이어를 다시 만듭니다. 그런 다음 이름을
'라인3'으로 바꾸고 라인 선을 그립니다.

22 이번에는 텍스트를 삽입해 보겠습니다. [동작] –
[추가] – [텍스트 추가]를 차례대로 탭합니다.

23 텍스트 박스가 나타나면 [키보드]를 탭해 원하는
문구를 입력합니다.

24 [이동] 툴을 선택한 후 글자를 원하는 위치로 옮깁
니다. 모서리 부분을 잡으면 크기를 조절할 수 있습
니다.

25 레이어 목록의 + 버튼을 탭해 새로운 레이어를 만
든 후 이름을 '채색3'으로 바꾸고 [라인3] 레이어 아래
로 이동시킵니다.

26 [라인 3] 레이어에 레퍼런스를 적용합니다.

27 [채색3] 레이어를 탭한 후 색상표에서 색상을 선택합니다. 선택한 색상을 콕 찍어 색상을 채울 부분까지 끌어다 채웁니다.

28 나머지 부분도 색상을 바꿔가며 모두 채웁니다.

29 위와 같은 방법으로 스토리를 이어 그리며 완성합니다.

30 완성된 그림들을 [동작]-[공유]-[JPEG]를 탭해 한 장씩 저장합니다. 이때 다른 그림들이 보이지 않게 체크 박스를 모두 해제하고 저장할 그림만 체크 박스를 탭해 엽니다.

TIP 레이어 병합(그룹 생성)

작업을 하다 보면 많은 레이어가 쌓이고 나중에는 찾고 싶은 레이어를 쉽게 찾을 수 없는 지경에 이르기도 합니다. 이때 레이어를 그룹으로 묶어 놓으면 한눈에 알아보기도 편리하고 그때그때 바로 찾을 수 있어서 편리합니다. 레이어를 그룹화하면 각 레이어가 지니고 있는 속성은 그대로 유지되고 편집을 따로 할 수 있다는 특징이 있습니다. 하지만 여러 개의 레이어로 굳이 나눌 필요가 없다면 하나의 레이어로 합칠 수도 있습니다. 새로운 그룹이 생성되면 섬네일 자리에 긴 바가 생깁니다. 이 바를 탭하면 이름 변경/병합을 선택할 수 있습니다. 병합한 레이어는 뒤로 가기 등을 통해 바로 병합 해제를 할 수 있지만, 한참 작업한 후에는 다시 그룹으로 풀 수 없으므로 유의해야 합니다.

- **아래 레이어와 병합:** 바로 아래의 레이어와 합친다는 뜻으로, 한 번 병합한 후에는 병합 해제를 할 수 없으므로 더 이상 수정할 수 없을 때 사용하는 것을 추천합니다.
- **아래로 병합:** 레이어를 그룹으로 묶어 준다는 의미로, 레이어별로 수정할 수 있습니다.

01 레이어 목록에서 [라인1] 레이어를 선택한 후 [아래로 병합]을 탭합니다(합치고 싶은 두 레이어를 손가락 제스처를 사용해 합쳐도 됩니다).

02 [새로운 그룹]이 생겼습니다. 새로운 그룹 옆에 있는 긴 바를 선택해 이름을 바꿉니다.

03 바뀐 이름을 확인한 후 그룹 안에 원하는 레이어가 들어 있는
지 살펴봅니다.

04 원하는 만큼 그룹을 만들고 완성합니다.

10 인스타그램 업로드

그림이 모두 준비됐다면 이제 인스타그램에 직접 업로드해 보겠습니다. 인스타그램은 한 번 게시물을 올리면 올렸던 사진이나 그림은 수정할 수 없고 글만 수정할 수 있으므로 처음 게시물을 올릴 때 제대로 올리는 것이 중요합니다. 실수를 해서 이전 게시물을 삭제하고 다시 같은 그림을 올리면 이전 게시물에 있던 '좋아요'의 개수와 댓글들까지 모두 삭제되므로 신중하게 업로드해야 합니다.

01 인스타그램 앱을 실행한 후 내 계정에 로그인합니다. 기존 계정도 좋지만, 그림만 따로 올릴 수 있는 계정을 새로 만들면 관리하기도 편리하고 사생활도 보호할 수 있습니다.

02 위쪽에 있는 + 버튼을 탭해 게시물을 선택합니다.

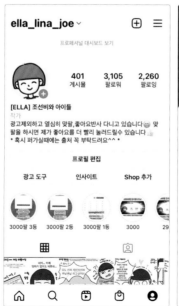

03 게시할 그림을 선택한 후 [다음]을 탭합니다.

04 필터나 보정의 효과를 주고 싶다면 원하는 효과를 탭해 적용합니다. 효과를 적용하면 작업했던 그림의 색감이 바뀌므로 주의해야 합니다. 효과를 적용한 후 [다음]을 탭합니다.

05 섬네일 옆에 있는 [문구 입력…]을 탭해 문구를 입력합니다. 보통 그림에 대한 설명이나 일상적인 이야기, 해시태그 등을 이곳에 입력합니다. 해시태그의 경우, 인기가 많은 문구 등을 적어야 구독자 유입에 유리합니다(예 #일상툰, #인스타툰, #공감툰 등).

06 태그하고 싶은 사람이 있거나 위치 등을 추가하고 싶으면 선택해서 작성합니다.

07 마지막으로 잘 살펴본 후 [공유]를 탭합니다.

08 게시물이 잘 업로드됐는지 확인합니다.

브러시 직접 만들기

프로크리에이트는 기본적으로 수백 가지의 기본 브러시가 제공되지만, 기본 브러시에서 나의 스타일에 맞게 변형해 새로운 브러시를 만들 수도 있습니다. 수정한 브러시는 지우개와 스머지로도 사용할 수 있습니다.

01 프로크리에이트 앱을 실행해 새 캔버스를 만듭니다. 업로드용이 아니므로 캔버스의 크기는 자유롭게 선택합니다.

02 [브러시] 메뉴를 탭해 엽니다.

03 수정하고 싶은 브러시를 탭한 후 왼쪽으로 쓸어 브러시를 복제합니다(원본 브러시를 수정하면 되돌릴 수 없으므로 꼭 복제한 후에 수정하세요).

04 복제된 브러시를 선택한 후 한 번 더 탭합니다.

05 [브러시 스튜디오] 창이 나타납니다. [브러시 스튜디오] 창의 메뉴에는 11개의 속성이 있습니다.

06 속성을 하나씩 탭해 보면 설정할 수 있는 창이 나타납니다. 이 곳에서 브러시에 대한 세밀한 설정을 할 수 있습니다.

07 오른쪽 그리기 패드 창으로 테스트하며 설정합니다. 위쪽의 [그리기 패드]를 탭하면 설정을 초기화하거나 테스트할 브러시의 색상과 크기를 변경할 수 있습니다.

08 설정을 모두 마쳤다면 오른쪽 위에 있는 [완료]를 탭해 설정한 값을 저장합니다. 설정한 것이 마음에 들지 않는다면 [완료] 옆의 [취소]를 탭해 초기화한 후에 나갑니다.

09 새 캔버스에 새로 만든 브러시를 테스트해 봅니다.

10 [이 브러시에 관하여] 메뉴를 탭해 브러시의 이름과 정보를 수정하고 [완료]를 탭합니다.

02 내 그림으로 만드는 도장 브러시

01 프로크리에이트 앱의 도장 브러시는 정사각형의 캔버스에 만들어야 하므로 평소 인스타툰을 그리는 1,080×1,080px 크기의 캔버스를 엽니다. 좀 더 섬세하게 작업하려면 더 큰 캔버스를 이용해도 됩니다.

02 색상표에서 검은색을 선택해 캔버스를 채웁니다.

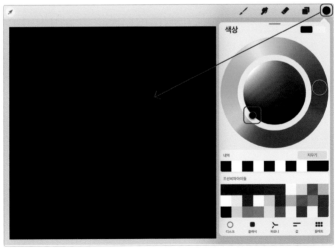

03 새로운 레이어를 추가합니다.

04 색상표에서 흰색을 선택한 후 브러시를 선택해 원하는 그림을 그립니다.

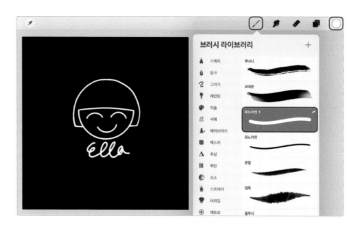

05 [동작] – [공유] – [JPEG]를 차례대로 탭해 그림을 저장합니다.

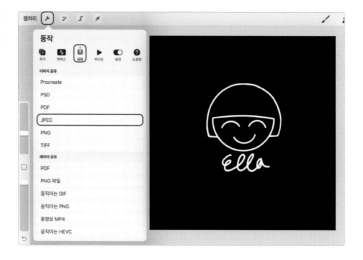

06 [브러시] 메뉴를 탭한 후 위쪽에 있는
+ 버튼을 탭합니다.

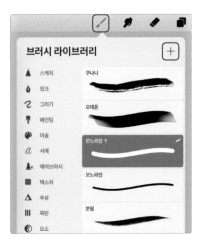

07 왼쪽의 설정 중에서 [모양]을 탭한 후
[모양 소스] 옆의 [편집]을 탭합니다.

08 [모양 편집기]의 오른쪽
위에 있는 [가져오기]를 탭
한 후 그 아래에 있는 [사진
가져오기]를 탭합니다.

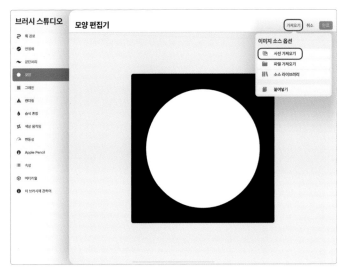

09 이전에 저장했던 그림을 불러온 후 오른쪽 위에 있는 [완료]를 탭합니다.

10 왼쪽 설정 중에서 [획 경로]를 탭해 [획 속성] 항목의 [간격]을 최대로 올립니다.

11 다시 왼쪽 설정에서 [Apple Pencil]을 탭해 [압력] 항목의 [불투명도]를 [없음]까지 낮춥니다.

12 다시 왼쪽 [설정] 창의 [속성]에 들어가 [브러시 속성] 항목의 [스크린 방향에 맞추기]가 활성화돼 있는지 확인한 후 [브러시 특성] 항목의 [최대 크기]를 최대로 올립니다.

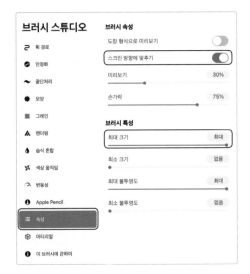

13 다시 왼쪽 설정의 맨 아래에 있는 [이 브러시에 관하여]를 탭해 이름과 정보를 수정합니다.

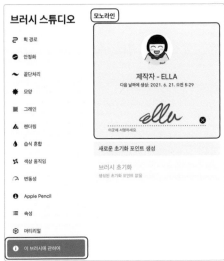

14 새 레이어를 만든 후 기존 레이어의 체크 박스를 모두 해제합니다.

15 도장 브러시의 크기와 색상을 선택해 새 레이어 위에 테스트해 봅니다.

16 모두 그려 놓은 인스타툰 그림 위에 표시합니다.

03 색연필 브러시 만들기

01 인스타툰을 그릴 때 많이 사용하고, 따뜻한 느낌을 지닌 색연필 브러시를 만들어 보겠습니다. 프로크리에이트 앱을 실행한 후 새 캔버스를 만듭니다. 업로드용은 아니므로 캔버스의 크기는 자유롭게 선택합니다.

02 [브러시] 메뉴를 연 후 위쪽에 있는 + 버튼을 탭합니다.

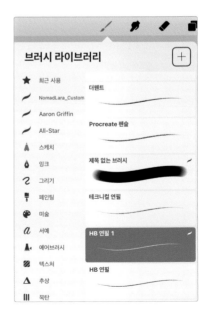

03 브러시 스튜디오 메뉴 중에서 [획 경로] 메뉴의 [획 속성] 항목을 모두 '없음'으로 변경합니다.

04 [끝단처리] 메뉴의 [압력 끝단처리]와 [터치 끝단처리] 항목을 취향에 맞게 조절합니다(⑩압력 끝단처리 - 크기: 60%, 불투명도: 없음, 압력: 80%, 팁: 23%, 터치 끝단처리 - 크기: 최대, 불투명도: 없음, 팁: 선명하게).

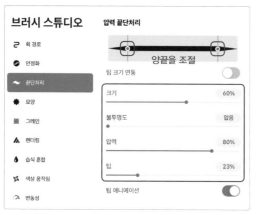

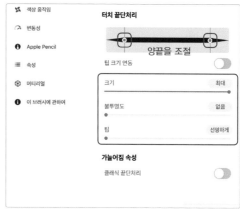

05 [모양] 메뉴의 [편집]을 탭한 후 [가져오기]-[소스 라이브러리]를 탭해 [Charcoal Block]을 선택합니다.

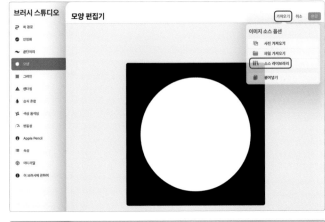
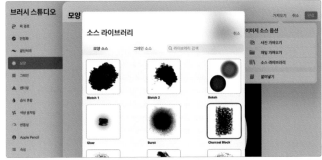

06 [모양 특성] 항목의 각 수 치를 취향에 맞게 조절합니 다(⌘ 분산: 27%, 회전: 0%, 횟 수: 1, 카운트 지터: 없음).

07 [그레인] 메뉴의 [편집]을 탭한 후 [가져오기]-[소스 라이브러리]를 탭해 [Bonobo]를 선택합니다.

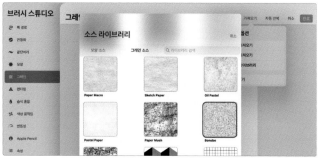

08 [그레인 특성] 항목의 각 수치를 취향에 맞게 조절합니다(ᢗᴵ 움직임: 롤링, 비율: 40%, 확대/축소: 54%, 회전: 0%, 깊이: 최대, 최소 깊이: 없음, 깊이 지터: 없음).

09 [습식 혼합] 메뉴를 탭한 후 나머지 수치는 '없음'으로 두고 '흡인력'만 취향에 맞게 조절합니다(예 흡인력: 13%).

10 [Apple Pencil] 메뉴를 탭한 후 모든 수치를 '없음'으로 조절합니다.

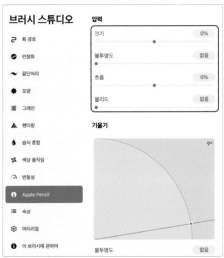

11 [속성] 메뉴를 탭한 후 수치를 취향에 맞게 조절합니다(예 브러시 속성 – 미리보기: 30%, 손가락: 50%, 브러시 특성 – 최대 크기: 40%, 최소 크기: 2%, 최대 불투명도: 최대, 최소 불투명도: 없음).

12 오른쪽의 [그리기 패드]에
서 테스트해 본 후 마음에 들
지 않는 부분을 수정합니다.

13 [이 브러시에 관하여]를 탭한 후 브러시의
이름을 바꾸고 제작자 서명을 합니다.

14 브러시 설정이 끝났으면 [완료]를 탭한 후
새 캔버스에서 브러시의 크기를 조절하고 여
러 색깔로 테스트해 봅니다.

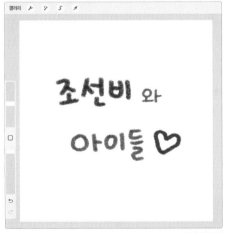

글리터 브러시 만들기

01 이번에는 강조의 효과를 주는 특별한 느낌의 글리터 브러시를 만들어 보겠습니다. 프로크리에이트 앱을 실행한 후 새 캔버스를 만듭니다. 업로드용은 아니므로 캔버스의 크기는 자유롭게 선택합니다.

02 [브러시] 메뉴를 연 후 위쪽에 있는 + 버튼을 탭합니다.

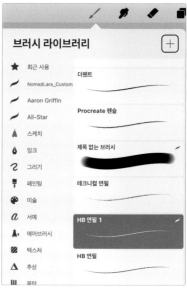

03 브러시 스튜디오 메뉴 중 가장 위에 있는 [획 경로] 메뉴를 탭한 후 [획 속성] 항목의 [간격]을 '5%'로 변경합니다.

04 [끝단처리] 메뉴를 탭한 후 [압력 끝단처리] 항목의 [크기]를 최대로 조절합니다.

05 [모양] 메뉴의 [편집]을 탭한 후 [가져오기]–[소스 라이브러리]를 탭해 [Short Hair]를 선택합니다.

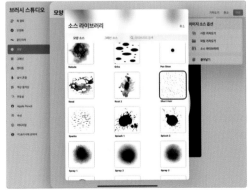

06 [모양 특성] 항목의 분산을 최대로 조절합니다. 무작위와 방위각의 버튼도 활성화합니다. 아래쪽 원 위에 있는 초록색 점을 잡고 각도를 −90°로 조절합니다.

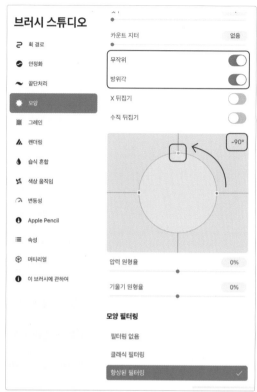

07 [그레인] 메뉴의 [편집]을 탭한 후 [가져오기]−[소스 라이브러리]를 탭해 [Bonobo]를 선택합니다.

08 [그레인 특성]에서 수치를 취향에 맞게 조절합니다(⒠움직임: 롤링, 비율: 35%, 확대/축소: 크롬
처리, 회전: 0%, 깊이: 최대, 최소 깊이: 없음, 깊이 지터: 없음, 혼합 모드: 색상 닷지, 대비: 35%).

09 [렌더링] 메뉴를 탭한 후
[렌더링 모드] 항목의 [강렬
한 혼합]을 선택합니다. 그런
다음 [혼합] 항목의 [혼합 모
드]를 [추가]로 변경합니다.

10 [색상 움직임] 메뉴를 탭한 후 밝기에 관련
된 수치를 모두 최대로 조절합니다.

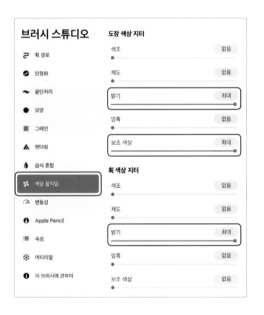

11 [Apple Pencil] 메뉴를 탭한 후 [압력] 항목의 [크기]는 '최대', [불투명도]는 '없음'으로 조절하고 [기울기] 항목은 0°로 조절합니다.

12 [이 브러시에 관하여] 메뉴를 탭한 후 브러시의 이름을 바꾸고 제작자 서명을 합니다.

13 브러시 설정이 끝났으면 [완료]를 탭한 후 새 캔버스의 배경을 어둡게 바꾸고 브러시의 크기를 조절한 다음, 여러 색깔로 테스트해 봅니다.

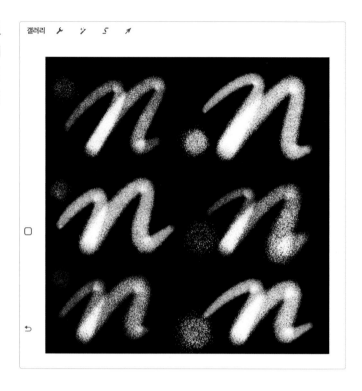

05 브러시 다운로드하기

프로크리에이트 앱에는 18개의 브러시 카테고리 및 수십 개의 기본 브러시가 있고 각 브러시마다 100개 이상의 커스텀 설정을 할 수 있기 때문에 자신만의 브러시를 쉽게 만들 수 있습니다. 하지만 가끔은 새로운 브러시를 사용해 보고 싶을 때가 있습니다. 프로크리에이트는 이러한 사용자들을 위한 커뮤니티를 통해 본인이 만든 브러시를 서로 공유하고 있습니다. 앱 사용자들이 커스터마이징한 다양한 테마의 브러시 중 마음에 드는 브러시를 골라 유·무료로 다운로드할 수 있습니다. 브러시는 단일 파일이나 zip 파일의 형태로 아이클라우드, 드롭박스(Dropbox) 등과 같이 사용하기 편리한 곳에 저장한 후 프로크리에이트에 연결해 사용하면 됩니다. 프로크리에이트 커뮤니티에서는 브러시뿐 아니라 컬러 스와치, 캔버스 등 다양한 소스를 다운로드할 수 있습니다. 마음에 드는 무료 브러시를 골라 다운로드해 봅시다.

프로크리에이트 무료 브러시 다운로드하기

01 프로크리에이트 앱을 실행한 후 새 캔버스를 만듭니다. 업로드용은 아니므로 캔버스의 크기는 자유롭게 선택합니다. [동작]-[도움말]-[지원]을 차례대로 탭합니다.

02 프로크리에이트 웹 사이
트가 나타나면 위쪽에 있는
[Explore]−[Community]를
탭합니다.

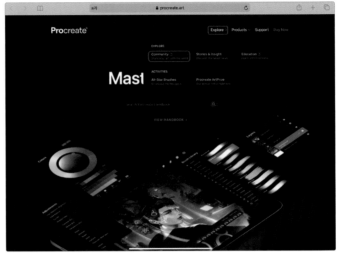

03 위쪽 [Discussions]를 탭
합니다.

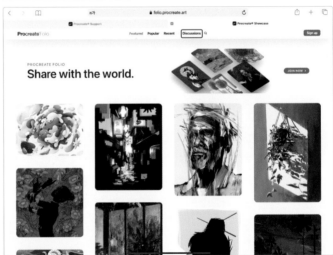

04 아래쪽 [Resources]를 탭
합니다.

05 위쪽에 있는 옵션 중에서 [Any Tag]를 [Brushes]로 변경합니다.

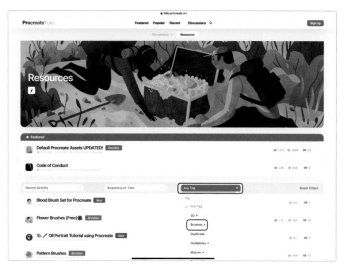

06 브러시 목록 순서에서 [Highest Rated]를 선택해 평가가 좋은 브러시 순으로 정렬합니다.

07 목록을 보면서 'Free'라고 표시된 무료 브러시를 선택합니다.

08 중간쯤에 있는 다운로드
주소를 탭합니다.

09 [Dropbox]나 [다운로드]를 탭해 저장합니다. 여기서는 [다운로드]를 탭해 저장해 보겠습니다.

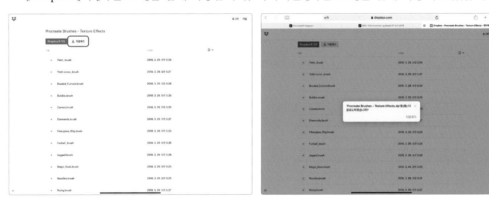

10 오른쪽 위에 다운로드 완
료 표시가 나타나면 탭합니다.

11 [내보내기]-[파일에   저
장]-[Procreate]-[Fonts]-
[저장]을 차례대로 탭합니다.

12 다시 캔버스로 돌아와 [브러시] 메뉴를
탭하면 브러시 목록의 가장 위에 다운로드
한 브러시가 나타납니다.

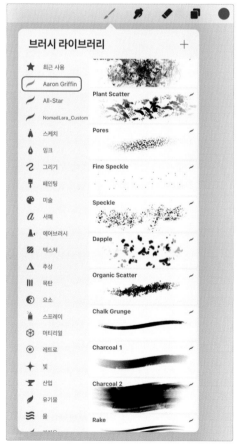

사진을 이용한
라인 일러스트

그림 실력이 뛰어나지 않더라도 가족, 연인, 주변 지인에게 세상에 하나밖에 없는 특별한 그림을 선물할 수도 있습니다. 사진의 배경은 그대로 두고 사진 속의 피사체를 따라 그리는 라인 드로잉으로 쉽지만 특별한 그림을 그려 보겠습니다.

01 초상화 그리기

01 프로크리에이트 앱을 실행해 새 캔버스를 만듭니다. 웹 업로드용(sRGB)으로만 사용할 것인지, 인쇄물(CMYK) 등으로 출력할 것인지를 잘 생각해 만듭니다. 여기서는 기존에 사용하던 1,080×1,080px 크기의 캔버스(sRGB)를 열겠습니다.

02 [동작] - [추가] - [사진 삽입하기]를 탭해 원본 사진을 불러옵니다.

03 두 손가락을 이용해 사진 속의 인물에 맞춰 조정한 후 [이동] 툴을 탭해 해제합니다.

04 불러온 사진의 레이어 불투명도를 30% 이하로 낮춥니다.

05 새 레이어를 추가한 후 그 위에 사진 속 피사체의 라인을 따라 그립니다. 얇은 종류의 브러시를 선택해야 그리기 쉽습니다.

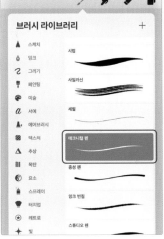

06 전체적으로 선을 그립니다.

07 새로운 레이어를 추가합니다.

08 원본 사진의 불투명도를 다시 최대로
올립니다.

09 새로운 레이어를 라인 레이어의 아래로
끌어 이동시킨 후 라인 레이어에 레퍼런스
를 적용합니다.

10 원본 사진에서 스포이트로 색을 찍은 후 비슷한 색으로 밑색을 칠합니다.

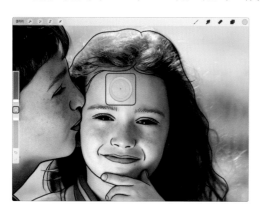
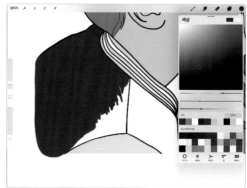

11 색을 모두 채웠으면 다시 새로운 레이어를 하나 만들어
라인 레이어의 아래로 끌어 이동시킵니다.

12 밑색 레이어의 체크 박스를 해제한 후 새로운 레이어 위에 그림자처럼 어둡게 음영을 주는 색을 칠합니다.

13 모두 칠했으면 다시 새로운 레이어를 만들어 밝은 부분의 색을 칠합니다. 작가의 의도에 따라 이 부분은 생략해도 됩니다. 원본 사진의 체크 박스를 해제한 후 나머지 레이어들을 모두 체크 표시하면 완성됩니다.

14 좀 더 자연스러운 그림을 원한다면 위의 세 레이어를 모두 합친 후 [스머지] 툴로 경계를 살살 문질러 줍니다.

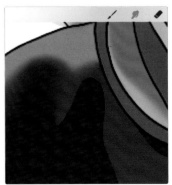

15 완성됐습니다.

16 배경을 만들고 싶다면 기존의 원본 사진에 체크 표시한 후 그 위에 그림을 올리는 방법을 사용해도 되고, 새로운 레이어를 만들어 모양 브러시로 그린 후 그림 아래에 깔아도 됩니다.

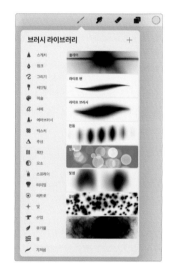

17 배경까지 완성됐습니다.

02 반려동물 그리기

01 프로크리에이트 앱을 실행해 새 캔버스를 만듭니다. 웹 업로드용(sRGB)으로만 사용할 것인지, 인쇄물(CMYK) 등으로 출력할 것인지를 잘 생각해 만듭니다. 여기서는 기존에 사용하던 1,080×1,080px 크기의 캔버스(sRGB)를 열겠습니다.

02 [동작] – [추가] – [사진 삽입하기]를 탭해 원본 사진을 불러옵니다.

03 두 손가락을 이용해 사진 속의 피사체에 맞춰 조정한 후 [이동] 툴을 탭해 해제합니다.

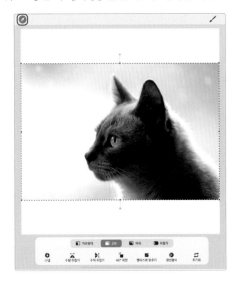

04 불러온 사진의 레이어의 불투명도를 30% 이하로 낮춥니다.

05 새 레이어를 추가한 후 그 위에 사진 속 피사체의 라인을 따라 그립니다. 얇은 종류의 브러시를 사용해야 그리기 쉽습니다.

06 전체적으로 선을 그립니다.

07 새로운 레이어를 추가합니다.

08 원본 사진의 불투명도를 다시 최대로 올립니다.

09 새로운 레이어를 라인 레이어의 아래로 끌어 이동시킨 후 라인 레이어에 레퍼런스를 적용합니다.

10 원본 사진에서 스포이트로 색을 찍은 후 밑색을 비슷한 색으로 칠합니다.

11 색을 모두 채웠으면 왼쪽 위에 있는 [스머지] 툴을 선택해 그림의 경계를 자연스럽게 풀어 줍니다.

12 전체적으로 부드러운 이미지가 됐습니다.

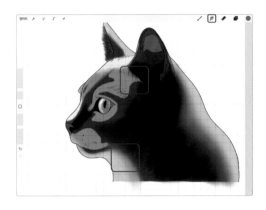

13 마지막으로 수염이나 눈썹 등 디테일한 부분을 그려 마무리합니다.

14 배경을 만들고 싶다면 기존의 원본 사진에 체크 표시한 후 그 위에 그림을 올리는 방법을 사용해도 되고, 새로운 레이어를 만들어 모양 브러시로 그린 후 그림의 아래에 깔아도 됩니다.

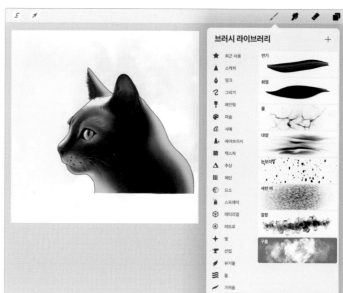

15 배경까지 완성됐습니다.

03 식물 그리기

01 프로크리에이트 앱을 실행해 새 캔버스를 만듭니다. 웹 업로드용(sRGB)으로만 사용할 것인지, 인쇄물(CMYK) 등으로 출력할 것인지 잘 생각해서 만듭니다. 여기서는 기존에 사용하던 1,080×1,080px 크기의 캔버스(sRGB)를 열겠습니다.

02 [동작]-[추가]-[사진 삽입하기]를 차례대로 탭해 원본 사진을 불러옵니다.

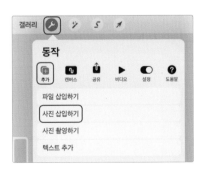

03 두 손가락을 이용해 사진 속의 피사체에 맞춰 조절한 후 [이동] 툴을 탭해 해제합니다.

04 불러온 사진의 레이어의 불투명도를 30% 이하로 낮춥니다.

05 새 레이어를 추가한 후 그 위에 사진 속의 피사체의 라인을 따라 그립니다. 얇은 종류의 브러시를 선택해야 그리기 쉽습니다.

06 원본 사진의 불투명도를 다시 최대로 조절합니다.

07 다시 새로운 레이어를 추가한 후 라인 레이어의 아래로 옮기고 라인 레이어에 레퍼런스를 적용합니다.

08 원본 사진에서 스포이트로 색을 찍은 후 채색 레이어에 밑 색을 칠합니다.

09 색을 모두 채웠으면 다시 새로운 레이어를 하나 만들어 라인 레이어의 아래로 이동합니다. 메뉴에서 [클리핑 마스크]를 선택해 적용합니다.

10 부드러운 느낌의 브러시를 사용해 밝은 색상으로 빛을 받는 부분을 표현합니다. 클리핑 마스크를 적용했으므로 채색이 선 밖으로 빠져나가지 않습니다.

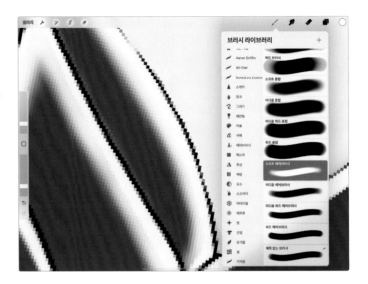

11 밝은 부분을 전체적으로 칠합니다.

12 [스머지] 툴로 경계를 살 살 문지릅니다.

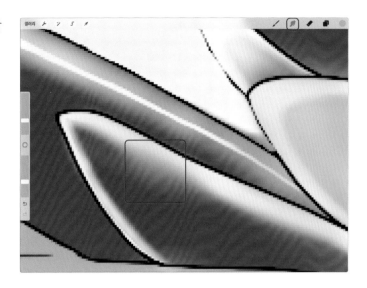

13 레이어를 계속 추가해 여러 색깔을 덧입힙니다.

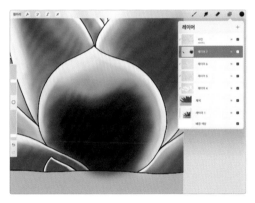

14 배경까지 칠하면 완성입니다.

15 라인 레이어의 체크 박스를 해제하면 또 다른 느낌의 그림이 됩니다.

16 일러스트와 같은 느낌으로 그려도 귀엽습니다.

움직이는 만화

프로크리에이트에서 애니메이션 어시스트 기능을 사용하면 움직이는 그림도 만들 수 있습니다. 아이패드와 프로크리에이트의 편리한 휴대성 덕분에 언제 어디에서든 요즘 유행하는 움직이는 이모티콘을 만들고, 그 이모티콘을 여러 플랫폼에 판매해 수익을 창출할 수 있습니다. 또한 프로크리에이트의 애니메이션 그림을 인스타툰에 적용해 더욱 주목을 받을 수도 있습니다. 5장에서는 프로크리에이트 애니메이션 어시스트에는 어떤 기능이 있는지 알아보고, 움직이는 그림도 만들어 보겠습니다.

01 애니메이션 기능으로 움직이는 만화 그리기

01 프로크리에이트 앱을 실행한 후 갤러리 오른쪽 위에 있는 + 버튼을 탭해 너비 1,080px, 높이 1,080px, DPI 300으로 설정한 후 [창작]을 탭합니다.

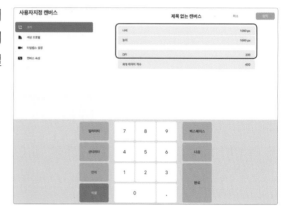

02 [동작] – [캔버스] – [애니메이션 어시스트]를 차례대로 탭해 활성화합니다. 아래쪽에 애니메이션 어시스트 메뉴가 생겼는지 확인합니다.

03 [레이어] 창에서 새로운 레이어를 추가할 때마다 아래쪽의 애니메이션 어시스트 메뉴에 프레임이 추가됩니다.

04 레이어 목록에서 [레이어 1]을 선택해 그림을 그립니다. 이때는 전체적인 동선을 고려해야 합니다.

05 레이어 목록에서 [레이어 2]를 선택하면 [레이어 1]에서 그렸던 그림이 흐릿하게 보입니다. [레이어 1]의 그림을 참고해 다음 동작을 그립니다. 갑자기 다른 동작이 크게 나타나면 움직이는 그림이 부자연스러울 수 있으므로 조금씩 움직임의 변화를 주면서 그립니다.

06 레이어 목록에서 [레이어 3]을 선택한 후 앞의 흐린 그림을 참고해 다음 동작을 그립니다.

07 원하는 움직임이 나올 때까지 계속 레이어를 추가하면서 그립니다. 그리는 도중 아래쪽에 있는 [재생]을 탭해 그림의 움직임이 자연스러운지 확인합니다.

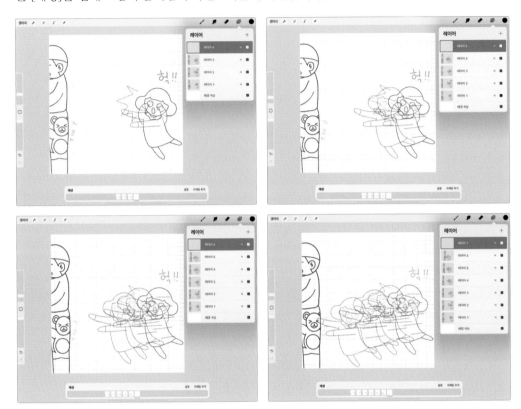

08 그림을 완성했다면 애니메이션 어시스트 메뉴에서 [설정]을 탭합니다. 내 그림의 움직임이 자연스럽도록 초당 프레임의 숫자를 조절한 후 [재생]을 탭해 확인합니다. 숫자가 높을수록 그림이 빨리 움직입니다.

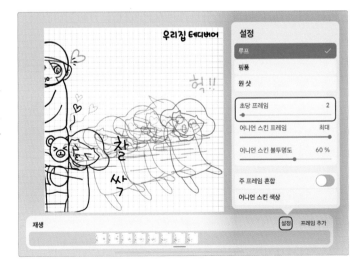

09 완성한 애니메이션을 [동작] – [공유] – [동영상 MP4]로 내보내기해 저장합니다.

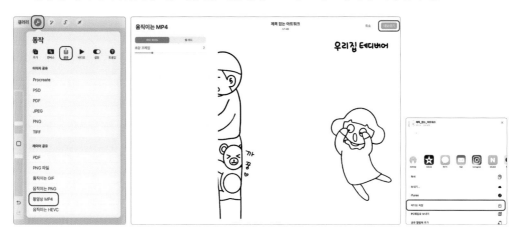

10 레이어 목록에서 [밑그림] 레이어 하나당 새로운 레이어를 만들고 그룹으로 묶습니다. [밑그림] 레이어의 아래로 이동한 후 [밑그림] 레이어에 레퍼런스를 적용하고 새 레이어에 채색합니다. 이때 주의해야 할 점은 모든 채색 레이어에 동일한 색상으로 채색해야 한다는 것입니다.

11 아래쪽에 있는 [재생]을 탭해 보면서 채색이 잘되고 있는지 수시로 확인합니다.

12 모두 채색되면 다시 한번 재생해 보면서 확인합니다. 완성한 애니메이션을 [동작] - [공유] - [동영상 MP4]로 내보내기해 저장합니다.

02 대칭으로 쉽게 그리기

01 프로크리에이트 앱을 실행한 후 갤러리 오른쪽 위의 + 버튼을 탭해 너비 1,080 px, 높이 1,080px, DPI 300 으로 설정하고 [창작]을 탭합니다.

02 [도구]–[캔버스]–[그리기 가이드]를 활성화해 아래쪽의 [그리기 가이드 편집]이 활성화되면 탭합니다.

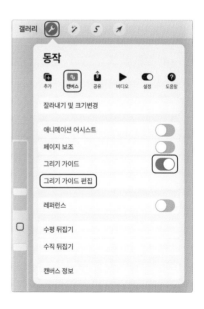

03 아래쪽에 있는 옵션에서 [대칭]을 선택합니다.

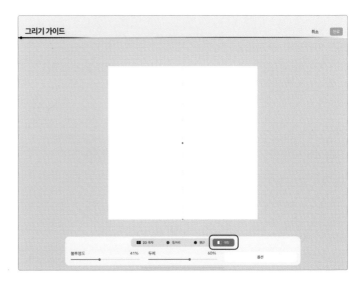

04 위쪽에 있는 컬러 바에서 가이드선의 색상을 변경할 수 있습니다.

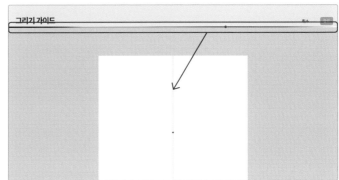

05 아래쪽에서 가이드선의 불투명도와 두께를 설정합니다. [가이드 옵션]을 탭하면 대칭의 종류를 선택할 수 있습니다.

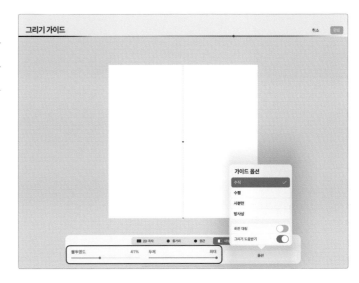

06 [완료]를 누른 후 [캔버스] 창으로 돌아가면 캔버스에 수직 대칭 옵션이 설정돼 있는 것을 볼 수 있습니다.

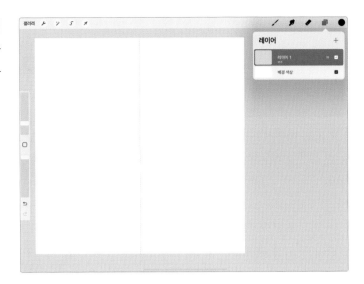

07 브러시를 선택해 가이드 선의 한쪽 면에 선을 그리면 나머지 면에도 똑같이 그려지는 것을 확인할 수 있습니다.

08 선을 모두 그렸으면 새로운 레이어를 만들어 선을 그렸던 [레이어 1]의 아래쪽으로 이동시킵니다.

09 [레이어 1]에 [레퍼런스]를
적용한 후 새로 만든 레이어
에 채색합니다.

10 [레이어 1]을 왼쪽으로 쓸
어 복제한 후 복제한 레이어
에 [레이어 1]의 다음 장면이
될 그림을 그립니다.

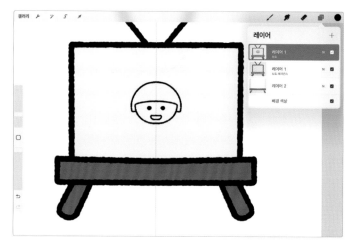

11 새로 그린 그림 레이어의
아래에 다시 새 레이어를 만
들어 채색합니다.

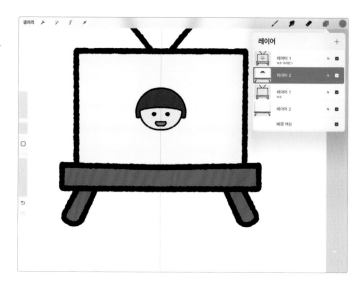

12 위 작업을 반복합니다.

13 작업이 끝났으면 선을 그린 레이어와 채색한 레이어를 그룹으로 묶습니다.

14 그렸던 그림 모두 한 그룹씩 묶어 줍니다. 이때 모든 레이어는 체크 표시가 돼 있어야 합니다.

15 [동작]–[캔버스]–[애니
메이션 어시스트]의 기능을
활성화합니다.

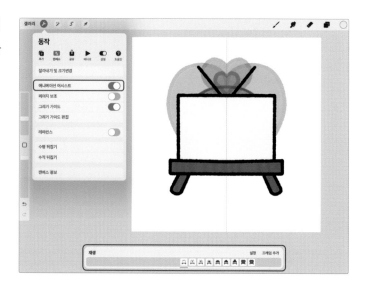

16 아래쪽에 있는 [재생]을
탭해 속도를 확인한 후 [애니
메이션 어시스트 설정] 창에
서 [초당 프레임]의 속도를 조
절합니다.

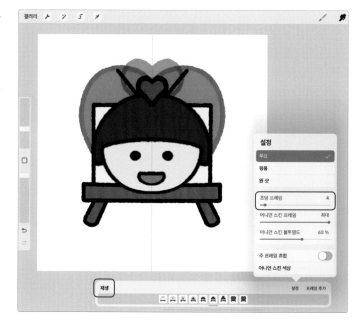

17 완성본을 살펴보면서 수
정할 곳이 있는지 확인합니다.

18 완성한 애니메이션을 [동작]-[공유]-[레이어
공유]-[동영상 MP4]로 내보내기해 저장합니다.

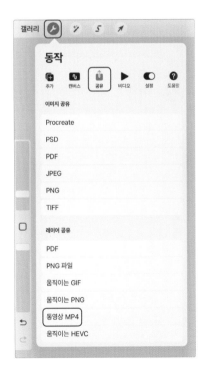

01 프로크리에이트 앱을 실행해 1,080×1,080px 크기의 새 캔버스를 엽니다. [동작]–[비디오]–[타임랩스 녹화]가 활성화돼 있는지 확인합니다.

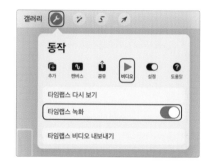

02 브러시로 그림을 그린 후 채색합니다. 그림이 완성됐다면 [동작]–[비디오]–[타임랩스 다시 보기]를 선택해 녹화가 제대로 돼 있는지 확인합니다.

03 확인을 마쳤다면 [동작]–[비디오]–[타임랩스 비디오 내보내기]를 탭합니다.

04 비디오의 길이를 선택합니다.

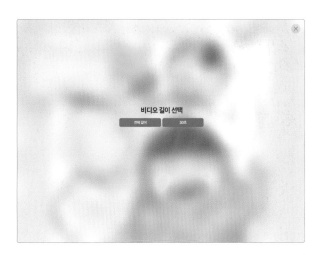

05 [비디오 저장]을 탭해 완료합니다.

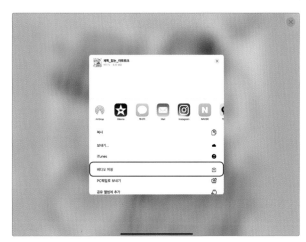

06 디바이스의 갤러리에 들어가 [재생]을 탭해 확인합니다.

저작권 등록하기

캐릭터의 저작권은 반드시 등록해야 하는 것은 아니지만, 도용 방지나 나중에 사업으로 연결되는 경우를 생각해 등록해 두는 것이 좋습니다. 6장에서는 저작권 등록 방법을 알아보겠습니다.

01 저작권 등록

01 준비사항

회원가입을 합니다. 캐릭터별 턴어라운드 이미지(정면, 측면, 후면 이미지)를 준비합니다. 저작권 등록 비용은 캐릭터당 23,600원입니다.

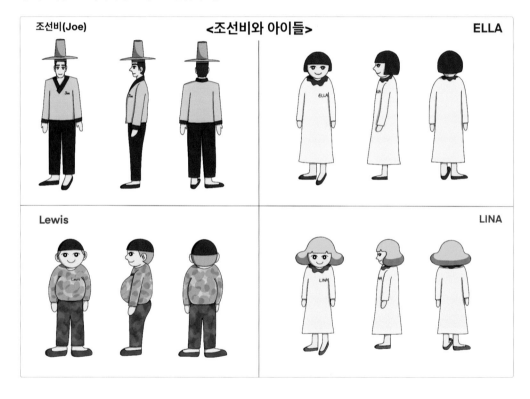

02 등록

01 한국저작권위원회 웹 사
이트(https://www.copyright.
or.kr)에 접속합니다.

02 캐릭터 저작권을 등록하
기 전에 회원가입을 합니다.

03 [모든 약관에 동의]에 체크 표시를 한 후 [동의합니다]를 탭합니다.

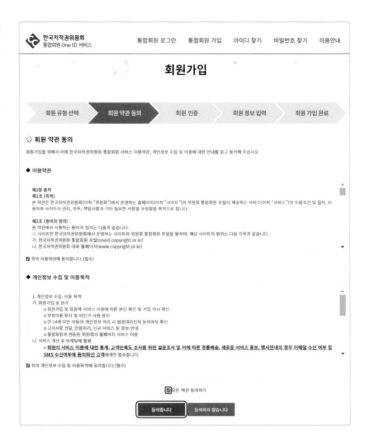

04 본인 확인 인증을 마치고 회원가입을 완료합니다.

05 로그인한 후 위쪽에 있는 [메인 메뉴]-[등록 안내]-[일반저작물 등록]을 선택합니다.

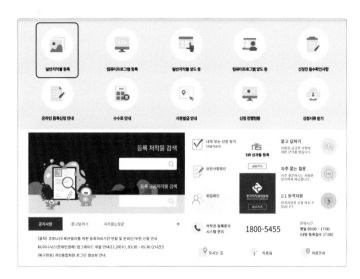

06 [저작권(일반, 예: 어문,미술 등) 등록] 메뉴의 [온라인 등록신청]을 탭합니다.

07 캐릭터를 처음 등록하는 경우에는 [아니오]를 선택한 후 [다음]을 탭합니다.

08 본인 인증을 합니다.

09 저작권을 등록할 캐릭터의 정보를 입력합니다. [제목]란에는 캐릭터의 이름(한글, 영어)을 입력하고 [종류]는 [미술저작물] – [응용미술] – [캐릭터] 순으로 선택합니다. [내용]란에는 캐릭터의 특징과 생김새에 대해 자세히 설명합니다.

10 창작연월일(창작완료일), 맨처음 공표 연월일의 날짜는 보통 인스타그램에 처음으로 캐릭터를 올린 날로 설정합니다. [공표 국가]는 '대한민국', [공표 방법]은 '인터넷'을 선택합니다. [공표 매체 정보]에는 내가 인스타툰을 연재하는 인스타그램의 주소를 입력합니다. 내 인스타그램의 주소는 'https://www.instagram.com/내 아이디 형식'으로 입력하면 됩니다. [저작자 표시]는 '아니오', 복제물 제출 방법은 '인터넷 전송'을 선택합니다.

등록사항	⌃
등록부문	
계속적간행물여부	● 아니오 ○ 예
등록의 내용	저작자 성명, 창작연월일, 맨처음공표연월일 ▾ ＊저작자 성명, 창작연월일, 맨처음 공표연월일 중에서 등록하고자 하는 것을 선택합니다. 참고로 저작자 본인인 경우 저작자 성명과 창작연월일은 필수등록사항입니다. ＊공표 하지 않은 경우, 선택항목을 '저작자 성명, 창작연월일'로 변경해주세요.
창작	
창작연월일 (창작완료일)	예, 2020-07-01 🗓
공표(공표 하지 않은 경우, 위 "등록의 내용" 선택항목을 '저작자 성명, 창작연월일'로 변경해주세요.)	
맨처음 공표 연월일	예, 2020-07-01 🗓
공표 국가	-선택- ▾
공표 방법	-선택- ▾
공표 매체 정보	＊충분한 설명이 되도록 자세히 기재(100자 이하) Byte =0/ 300 (한글 1글자 3Byte)
저작자표시	저작물이 공표될 때, 저작자 표시를 하셨습니까? ● 아니오 ○ 예
✎ 복제를 제출 방법을 선택하십시오.	● 인터넷 전송 (복제를 첨부) ○ 우편 또는 방문 제출

11 인터넷으로 복제물을 첨부할 경우에는 [업로드]를 탭한 후 이미지를 선택하고 [전송]을 탭합니다. 그런 다음 등록하고자 하는 이미지 파일이 맞는지 확인하고 [저장]을 탭합니다. [결제] 창에서 저작권 등록 비용을 결제합니다. 등록이 완료되면 며칠 후 문자나 메일로 결과를 받을 수 있습니다. 저작권이 잘 등록됐는지 확인하려면 [나의 등록정보]를 탭합니다.

복제물 업로드	
종류	복제물 정보
복제물	업로드 삭제

| exe 파일은 압축파일(zip)로 업로드 해주시길 바랍니다.
저작권등록은 '1저작물 1등록'을 원칙으로 합니다. 따라서 한 저작물에 대한 복제물을 업로드 해주시길 바랍니다.

저장

02 캐릭터 상표 등록

인스타툰을 오랫동안 연재하다 보면 팬들에게 사랑받는 캐릭터들이 생기게 마련입니다. 그 캐릭터를 좋아해 주는 팬들을 위한 굿즈 등을 만들다 보면 캐릭터 자체가 브랜드가 되기도 합니다. 이러한 니즈와 흐름을 잘 파악해 그 캐릭터를 이용한 사업을 하시는 분들은 캐릭터를 상표로 등록한 후 지식 재산권으로 출원해 캐릭터를 안전하게 보호하고 있습니다. 하지만 연예인이나 누구나 알 만한 캐릭터들은 상표를 좀 더

쉽게 등록할 수 있지만, 개인이 등록하기는 어려울 수 있기 때문에 상표 등록을 하기 위해서는 미리 등록 가능성을 꼼꼼히 확인해 봐야 합니다. 우리나라는 '선출원주의'이므로 '상표를 먼저 사용한 사람'이 아니라 '상표를 먼저 출원한 사람'이 권리를 갖습니다. 상표 등록은 완전히 똑같지 않아도 유사하다고 판단되면 거절당할 수 있기 때문에 조금이라도 의심이 드는 경우에는 전문가와 상담을 하는 것이 좋습니다.

01 상표 등록 절차

일반적으로 경험이 많은 변리사 등을 통해 상표 등록을 하지만, 상표 등록 전문 사이트를 통해 상표 등록을 하는 방법도 있으므로 한번 도전해 보는 것도 좋습니다. '상표넷'(웹 주소 창에 '상표 등록.한국' 입력)을 이용한 상표 등록 절차에 대해 알아봅시다.

01 출원 신청 접수: 상표넷 홈페이지를 통해 상표 및 서비스표 출원 신청을 접수합니다.

02 검색 및 등록 가능성 판단: 접수된 신청 사항에 대해 유사 선행 상표를 검색하고 등록 가능성을 판단해 알려 줍니다. 미리 검색 및 등록 가능성 판단 절차가 끝난 상표는 접수 즉시 다음 절차로 진행됩니다.

03 비용 결제 확인: 신청된 내역에 상응하는 비용의 온라인 입금 또는 카드 결제 여부를 확인합니다.

04 출원서 작성 및 제출: 신청된 내용을 바탕으로 출원서를 작성해 특허청에 제출합니다.

05 출원 결과 보고: 출원서 사본, 출원 번호 통지서 및 안내문을 받고 확인합니다.

출원서가 제출되면 특허청에서는 이를 접수해 심사에 착수합니다. 심사 절차는 약 10개월~1년 정도 소요되며, 유사 선행 상표 존재 또는 지정 상품 불명확 등을 이유로 거절 이유 통지서가 발송되는 경우에는 심사 결과 통보 시기가 다소 지연될 수 있습니다.

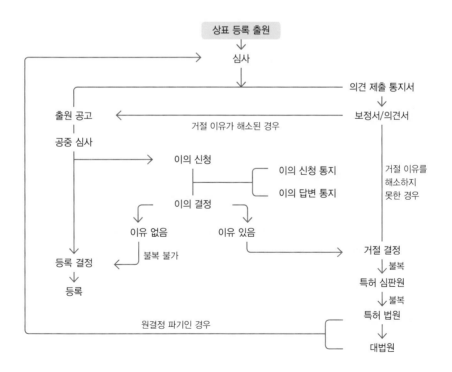

캐릭터 및 로고가 상표 등록의 요건을 갖췄다면 상표 등록이 가능하며, 캐릭터 및 로고가 인간의 사상이나 감정을 표현한 창작물로 인정받을 수 있을 정도로 창작성(특이성)이 인정된다면 저작권 등록이 가능합니다. 상표권은 명칭이나 캐릭터(로고)만으로 등록되는 것이 아니라 사용하고자 하는 물품이나 서비스업의 범위가 지정돼야만 등록할 수 있습니다. 등록 권리는 지정된 범위에 한해 인정되며, 해당 범위 내에서 동일 상표뿐 아니라 호칭 · 외관 · 관념상으로 유사한 상표에까지 권리가 미치게 됩니다. 최근 상표의 시각 디자인화 경향이 두드러짐에 따라 상표와 저작물이 충돌하는 경우가 자주 발생하고, 「상표법」상 캐릭터 및 로고의 상표 등록은 원저작권자만으로 한정하고 있지 않으므로 캐릭터 창작자는 저작권은 물론 상표권으로도 등록을 추진해야 합니다. 권리가 충돌하는 경우 선등록권자로부터 그 사용에 대한 허락(동의)이 있어야 하지만, 현실적으로 허락이나 동의를 얻기가 쉽지 않기 때문에 불필요한 소송을 피하기 위해서는 저작권 및 상표권의 권리를 함께 확보하는 것이 바람직합니다(관련 법 조항: 「상표법」§53 – 상표권자 · 전용 사용권자 또는 통상 사용권자는 그 등록 상표를 사용할 경우에 그 사용 상태에 따라 그 상표 등록 출원일 전에 출원된 타인의 특허권 · 실용신안권 · 디자인권 또는 그 상표 등록 출원일 전에 발생한 타인의 저작권과 저촉되는 경우에는 지정 상품 중 저촉되는 지정 상품에 대한 상표의 사용은 특허권자 · 실용신안권자 · 디자인권자 또는 저작권자의 동의를 얻지 아니하고는 그 등록 상표를 사용할 수 없다).

저작권(캐릭터 및 로고) 침해가 많은 상품은 다음과 같습니다.

상품	상품류
화장품, 비누, 치약 등	3류
전자, 휴대폰 케이스 등	9류
젖병, 고무 젖꼭지 등	10류
자동차용 액세서리	12류
문구류	16류
가방류	18류
가구류	20류
식기, 주방류	21류
의류	25류
액세서리류	26류
스포츠 용품, 완구류	28류
농수산물류, 과자류, 음료류	29류, 30류, 31류, 32류

02 상표 등록 요건

상표를 등록하기 어려운 경우는 다음과 같습니다. 다음과 같은 경우에는 통과되기 어려우므로 신청 전에 꼭 확인하는 것이 좋습니다.

01 보통 명칭: 그 상품의 보통 명칭을 그대로 표시한 포장만으로 된 상표(예 박스형 자동차 – JEEP, 스테플러 – 호치키스, 과자 – 깡, 초코파이 등)

02 관용 상표: 동종 업자들 간에 그 상품 자체를 나타내는 것으로 인식된 표장만으로 된 상표(예 샴푸의 액상 방향제 –코오롱, 꼬냑 – NAPOLEON, 음식점 – 가든 등)

03 성질 표시: 상품의 산지·품질·원재료·효능·용도·수량·형상·가격·생산 방법·가공 방법·사용 방법 또는 시기를 그대로 표시한 표장만으로 된 상표(예 잘나 – 연고, BEST, beauty – 화장품, 오이시이, 오니기리 등)

04 현저한 지명: 현저한 지리적 명칭·그 약어 또는 지도만으로 된 상표(예 안흥찐빵, 백암온천, 파리부띠끄, 뉴욕안경, 종로학원 등)

05 흔한 성 또는 명칭: 흔히 있는 성 또는 명칭을 그대로 표시한 표장만으로 된 상표(예 KIM, CHOI, 윤씨농방, 박사장, PRESIDENT 등)

06 간단하거나 흔한 표장: 1글자로 이뤄진 한글(단, 관념이 있으면 가능), 2글자 이내의 외국 문자/2자리 이하의 숫자(단, 2글자 이내의 외국어, 숫자를 "&"로 연결하면 가능), 흔한 원, 삼각형, 사각형, 삼태극 및 그 입체적 형상 등(예 라, AB, ALPHA, Ω, 12, 12+49, 12345, 단, 별, CNB, P&G, 4598은 가능)

07 기타 식별력 없는 상표: 상기 6가지 이외에 누구의 업무에 관련된 상품을 표시하는 것인지 식별할 수 없는 상표(예 업계에서 흔히 쓰는 표장, 일반적인 인사말, 유행어, 슬로건, 연도 표시(2013), 장소적 표시(mall, shop 등), 공익상 독점이 불가능한 것(119, 114), 문화재, 자연물 자체의 사진 등)

08 국가의 국기(國旗)/국장(國章)/군기(軍旗) 또는 공공 기관의 인장(印章) 및 기호 또는 저명한 국제 기관의 명칭, 약칭, 표장 등과 동일하거나 유사한 상표(예 태극기, 성조기, 군부대 마크, IOC, WTO 등)

09 국가·인종·민족·공공 단체·종교 또는 저명한 고인과의 관계를 허위로 표시하거나, 비방하거나, 나쁜 평판을 받게 할 염려가 있는 상표(단, 허위로 표시하거나, 비방하거나, 나쁜 평판을 받게 할 염려가 없으면 등록 가능)(예 Nigger, 양키, 그림, 마이클잭슨 – 음반, 백남준미술관 – 미술관, 단 제임스딘 – 속옷, 모차르트 – 요식업은 가능)

10 비영리 업무 또는 공익 사업의 표장으로서 저명한 것과 동일하거나 유사한 상표(단, 해당 단체가 출원할 때는 등록 가능 🔖포돌이, 품질 인증 마크, 새마을운동 마크 등)

11 공서양속(공공질서와 미풍양속) 위반 상표(🔖욕설, 외설, 비속어 등)

12 국내외 정부의 승인을 얻은 박람회의 상패, 상장과 동일하거나 유사한 표장을 포함하는 상표(단, 수상자가 수상품 상표의 일부로 사용할 때는 등록 가능)

13 저명한 타인의 성명, 상호, 초상, 서명, 예명 또는 이들의 약칭을 포함하는 상표(단, 타인의 승낙 있으면 등록 가능 🔖이사의 달인 김병만, 강호동 백정 등)

14 선등록 또는 선출원 상표와 동일하거나 유사한 상표(지정 상품이 동일할 것) – 외관, 칭호, 관념상 유사 여부 판단

15 소멸한 지 1년이 경과하지 않은 상표와 동일하거나 유사한 상표(존속 기간 만료로 소멸한 경우에는 6개월)

16 미등록 타인의 주지 상표(동종 업계에서 널리 인식된 상표) 단, 동종업계가 아니거나(🔖애플 – 컴퓨터) 컴퓨터와 무관한 분야는 등록 가능(🔖병원업)

17 미등록 타인의 저명 상표(업계와 무관하게 널리 인식된 상표) 단, 업계를 불문하고 저명 상표를 가진 본인 외에는 등록 불가(🔖구찌, 아우디, 샤넬 등)

18 상품 품질 오인 또는 소비자 기만 우려가 있는 상표(🔖제주흑돈가(닭고기 전문점), 청맥한의원(치과업), 모시메리(청바지 판매) 등)

19 국내 또는 외국 1개국 이상에서 특정인의 상표로 상당 수준 이상 인식된 국내 미등록 동일 및 유사 상표로서 부정한 목적을 갖고 사용하는 상표(🔖벨라지오 – 호텔업/카지노업 등)

20 상품·서비스의 기능 확보에 필수불가결한 입체적 형상, 색채, 소리, 냄새만으로 된 상표(🔖된장 냄새(된장), 탄산음료 개봉 시 나는 소리(탄산음료) 등)

21 포도주 및 증류주의 산지를 포함하는 상표로서 주류에 사용하려는 경우(🔖보르도 – 와인 등)

22 식물의 품종 명칭과 동일하거나 유사한 상표를 식물에 사용하는 경우(🔖란도라, 골츠샤츠 – 장미 등)

23 농수산물의 지리적 표시와 동일하거나 유사한 상표를 농수산물에 사용하는 경우

03 상표 등록 갱신

상표권의 존속 기간은 상표권의 설정 등록이 있는 날부터 10년이지만, 「상표법」은 존속 기간 갱신 신청에 따라 상표권의 존속 기간을 10년간 갱신할 수 있습니다. 갱신 신청인은 등록 상표의 상표권자 또는 그의 승계인으로서 이전 등록을 마친 자이어야 합니다. 또한 상표권이 공유인 경우, 공유자 전원이 공동으로 출원해야 합니다. 이와 아울러 상표권 갱신 등록 신청은 상표권의 존속 기간 만료 전 1년 이내에 갱신 등록 신청을 해야 하고, 그 기간이 경과한 경우에도 상표권자가 가산금의 납부를 조건으로 존속 기간 만료 후 6개월 이내에는 갱신 등록 신청을 할 수 있습니다.

이렇듯 캐릭터를 브랜드화해 상표 등록을 하는 것은 쉬운 일이 아니지만, 캐릭터 상표 등록을 하면 도용 및 침해를 당하지 않고 내 캐릭터를 보호해 정당한 이익과 권리를 지킬 수 있습니다. 만약 동의 없이 캐릭터 상표를 무단으로 사용했다면 7년 이하의 징역 또는 1억 원 이하의 벌금에 처해지며 침해한 자가 소득 활동을 통해 이윤이 생겨 금전적인 피해도 끼쳤다면 손해 배상 청구 소송도 가능합니다.

캐릭터 상표 등록은 약 1년 정도에 걸쳐 진행되는데, 하루라도 빨리 등록해야 하는 시급한 상황이라면 '우선 심사 제도'라는 것을 진행할 수 있습니다. 우선 심사 제도는 다른 출원소보다 먼저 심사를 진행하는 것으로, 빠르게는 3개월 안에 심사를 진행할 수 있습니다. 하지만 우선 심사 신청 대상이 조금 까다로우므로 특허청 홈페이지(https://www.kipo.go.kr)를 잘 살펴본 후에 신청하는 것이 좋습니다.

인스타툰으로
수익 내기

인스타툰을 연재하다 보면 내 만화를 좋아하는 애독자가 생기거나 특정 캐릭터가 사랑을 받는 경우가 생깁니다. 사랑받는 나의 인스타툰 캐릭터로 굿즈나 이모티콘, 서적 등으로 수익을 낼 수 있다면 어떨까요? 인스타툰으로 수익을 낼 수 있는 방법은 생각보다 많습니다. 7장에서는 인스타툰으로 수익을 내는 방법을 알아보겠습니다.

01 굿즈 만들기

나의 인스타툰 캐릭터로 굿즈를 제작해 판매하는 것은 가장 접근하기 쉬운 수익 창출의 예입니다. 요즘 인쇄물 전문 웹 사이트에서는 굿즈를 만들 수 있는 방법이 잘 안내돼 있습니다. 예전에는 대량 생산만 가능했던 제품을 소량 주문할 수도 있고 샘플을 제작해 미리 살펴본 후 나중에 제작할 수도 있습니다. 여기서는 쉽게 만들 수 있는 상품을 예로 들어 알아보겠습니다.

01 문구류

문구류는 다른 굿즈에 비해 제작하기 쉽고 원가도 낮은 편이어서 진입 장벽이 낮은 편입니다. 문구류 굿즈 중에는 스티커, 엽서, 떡메모지, 카드 등이 있으며 그중 가장 많이 만드는 굿즈는 '스티커'입니다. 문구류의 굿즈가 가장 만들기 쉽다고는 하지만, 가장 큰 문제는 화면상의 색감과 인쇄물의 색감이 다르게 나오는 것입니다. 이는 웹에서 사용하는 RGB 타입과 인쇄되는 CMYK 타입의 색상 차이 때문입니다. 화면상의 색상과 인쇄물의 색상 차이를 줄이는 데는 굿즈를 만들 때 CMYK 타입으로 설정해 놓고 작업하는 방법도 있지만, 실제 인쇄물과 비교하면 다르게 나올 수 있으므로 가능한 한 모니터의 색상을 조정하거나 인쇄소에서 직접 샘플을 확인하고 색상을 조절하는 방법이 좋습니다. 하지만 소량으로 제작하는 굿즈의 경우, 인쇄 감리가 불가능할 수 있으므로 색상이 다양하지 않다면 최대한 실패율이 없는 색상으로 작업하는 것도 좋은 방법입니다. 굿즈를 전문적으로 제작하기 위해서는 인쇄 도수나 재단선 등을 미리 공부를 해두는 것이 좋겠지만, 시일이 촉박하거나 아무리 봐도 잘 모르는 경우에는 그림만 입력하면 자동으로 만들어 주는 인쇄 웹 사이트의 프로그램을 이용하는 것이 좋습니다.

인스타툰 '조선비와 아이들'의 스티커 굿즈

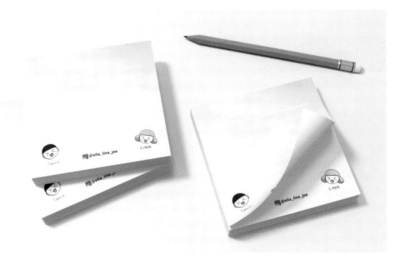

인스타툰 '조선비와 아이들' 떡메모지 굿즈

스티커 제작하기

스티커를 만들 때 가장 신경 써야 할 부분은 칼선을 만드는 것입니다. 스티커를 소량 제작할 수도 있고 자동으로 칼선도 넣어 주는 '오프린트미'라는 웹 사이트를 이용해 스티커를 만들어 보겠습니다.

01 오프린트미(www.ohprint.me) 웹 사이트에 접속해 회원가입을 한 후 로그인하고 [스티커 시작하기]를 탭합니다. [DIY]를 선택한 후 [시작하기]를 탭합니다.

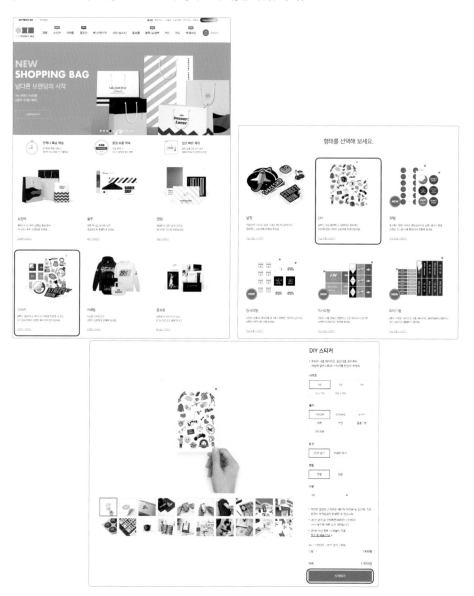

02 내 캐릭터로 스티커를 만들 것이기 때문에 가운데에 있는 [직접 디자인하기]를 선택합니다.

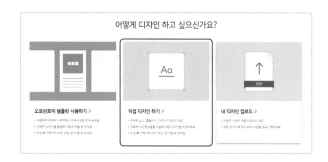

03 이제 내 캐릭터가 들어간 스티커 도안을 업로드해야 하므로 프로크리에이트를 열고 스티커에 들어갈 도안을 준비합니다. 저는 다이어리에 많이 쓰이는 A6 크기로 제작해 보겠습니다. 오른쪽 위에 있는 + 버튼을 탭해 새로운 캔버스를 엽니다. 크기는 105×148, px(픽셀)을 mm(밀리미터)로 바꿉니다.

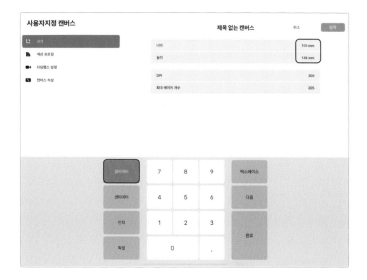

04 크기를 설정한 후 [색상 프로필] 항목의 [CMYK]를 선택한 후 [창작]을 탭합니다.

05 새로운 캔버스에 스티커에 들어갈 그림을 그립니다. 칼선을 자동으로 넣는 방식이므로 가능한 한 테두리를 선명하게 그립니다.

06 그림을 모두 그렸다면 그림의 주변에 여백을 넣어야 하므로 캔버스의 크기를 다시 설정합니다. [동작]-[캔버스]-[잘라내기 및 크기변경]을 차례대로 탭합니다.

07 [설정]을 탭한 후 너비, 높이 4mm씩 여유를 준 109×152mm로 바꾸고 [완료]를 탭합니다.

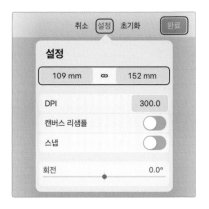

08 [이동] 툴을 탭한 후 그림의 크기는 변경하지 않은 채 그림을 가운데로 이동합니다.

09 그림의 형태, 색상, 위치 등을 다시 한번 확인한 후 오른쪽 위에 있는 [레이어]를 탭해 배경 색상의 체크 박스를 해제합니다. 그림의 배경이 투명으로 바뀌었습니다.

10 [동작] – [공유] – [PNG]를 차례대로 탭해 저장합
니다.

11 그림이 모두 준비됐다면 로
그인해 놓았던 오프린트미 웹
사이트의 [직접 디자인하기]
에서 [사진]을 탭해 작업했던
PNG 파일을 불러옵니다.

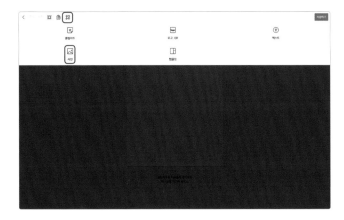

12 불러온 이미지 가장자리에
칼선이 생긴 것을 확인한 후
원하는 위치에 맞추고 오른쪽
위에 있는 [저장하기]를 탭합
니다.

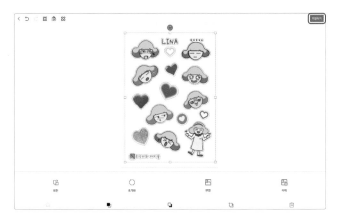

13 장바구니로 이동해 수량을 설정한 후 결제를 합니다. 장당 비용이 꽤 비싸기 때문에 샘플로 미리 뽑아 보고 싶다거나 시간이 없을 때 이용하는 것이 좋습니다.

14 완성한 스티커는 오프라인 '플리마켓(Flea Market)'이나 '일러스트 페어' 등에서 판매할 수 있고 온라인 스마트 스토어 등을 개설해 판매할 수도 있습니다.

떡메모지 제작하기

떡메모지는 메모지의 윗부분을 접착제로 붙여 놓은 형태의 메모지를 말하며 스티커와 더불어 가장 많이 만드는 문구 굿즈의 종류 중 하나입니다. 스티커에 비해 만들기 쉽고 간단하지만, 최소 주문 수량이 많으므로 메모지의 쓰임을 잘 생각해 디자인해야 합니다. 여기서는 다양한 템플 릿이 있는 '비즈하우스'라는 웹 사이트를 이용해 만들어 보겠습니다.

01 비즈하우스(www.bizhows. com) 웹 사이트에 접속해 회원 가입을 한 후 로그인하고 위쪽에 있는 메뉴 중에서 [굿즈/판촉]을 탭합니다.

02 [떡메모지]를 탭합니다.

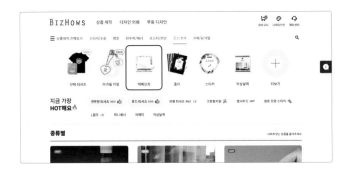

03 사이즈, 풀칠 방향, 권수를 설정한 후 [다음 단계]를 탭합니다.

04 [셀프 디자인하기]를 탭합니다.

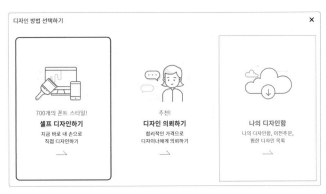

05 [템플릿] 중에서 마음에 드는 디자인을 선택합니다. 마음에 드는 디자인이 없다면 직접 그려 첨부하면 됩니다.

06 [내 파일 업로드]를 탭한 후 나의 캐릭터(PNG 파일)를 첨부해 적절한 위치에 배치합니다. [텍스트]를 탭하면 글자를 삽입할 수 있습니다.

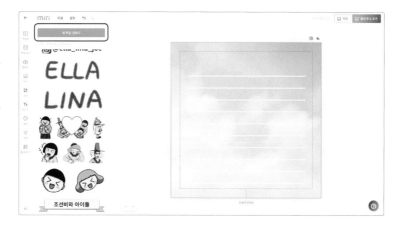

07 완성했으면 [장바구니 추가]를 탭해 완료합니다.

08 옵션이 제대로 설정돼 있는지 확인한 후 결제합니다.

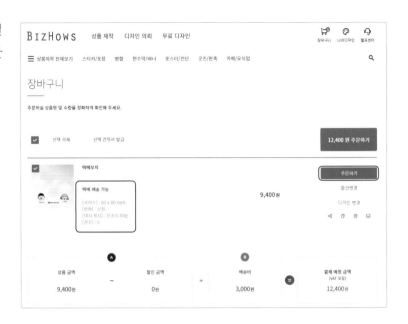

09 완성한 떡메모지는 스티커 등과 같이 오프라인 플리마켓이나 일러스트 페어 등에서 판매할 수 있으며 온라인 스마트 스토어 등을 개설해 판매할 수도 있습니다.

02 생활 용품

굿즈는 일상생활 어디에나 적용할 수 있습니다. 그중에서도 손쉽게 만들 수 있는 굿즈의 종류로는 열쇠고리, 머그컵, 에코백 등이 있고 티셔츠 등의 의류에 접목하기도 합니다. 내 캐릭터의 이미지와 잘 맞는 생활 용품을 선택하면 세상에서 단 하나뿐인 개성 넘치는 굿즈가 될 것입니다. 또한 그 굿즈를 들고 다니는 사용자들에 의해 내 인스타툰의 홍보 효과도 얻을 수 있을 것입니다. 하지만 이러한 생활 용품 굿즈를 만들기 위해서는 현재 자신의 예산과 재고, 판매 방법 등을 신중히 고려해 기획해야 합니다. 문구류의 굿즈보다 제작 단가가 높고 재고 수량 또한 많기 때문입니다. 판매 경로가 확실히 정해지지 않았다면 초기 제작 비용의 부담이 크고 재고 물량의 보관에도 어려움이 있기 때문에 현실적인 상황을 고려해 품목을 선택해야 할 것입니다. 여러 번의 굿즈 제작으로 유통과 판매가 익숙해졌다면 큰 행사 등에서의 굿즈 판매도 시도해 볼 만합니다.

키링 제작하기

생활 용품 굿즈 중에서 제일 쉽고 간편하게 만들 수 있는 것이 바로 '키링(열쇠고리)'입니다. 요즘에는 열쇠를 거의 사용하지 않아서 키링은 장식용으로 많이 쓰이는데, 무거운 금속 키링보다는 가볍고 제작 비용이 저렴한 아크릴 키링을 많이 선호하는 추세입니다. 키링도 스티커 굿즈와 마찬가지로 이미지를 PNG 파일로 제작해 칼선을 따야 하는데, 이는 굿즈 초보자에게 어려운 작업이므로 빠르고 간편한 자동 칼선 키링을 만들 수 있는 '비즈하우스'라는 웹 사이트를 이용해 만들어 보겠습니다.

01 비즈하우스(www.bizhows.com) 웹 사이트에 접속한 후 로그인하고 메뉴 중에서 [굿즈/판촉]을 탭합니다.

02 [아크릴 키링]을 탭합니다.

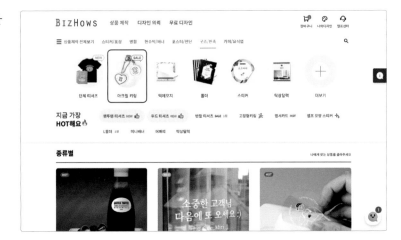

03 [자유형 키링]을 탭합니다.

04 [옵션]을 선택한 후 [다음 단계]를 탭합니다.

05 [셀프 디자인하기]를 탭합니다.

06 팝업 창의 이용 방법을 잘 읽은 후 [확인]을 탭합니다.

07 왼쪽에 있는 [업로드] - [내 파일 업로드]를 탭한 후 그림 (PNG 파일)을 불러옵니다. 아래에 나타나는 그림을 선택하면 고리의 위치와 외곽선의 모양이 자동으로 형성됩니다.

08 고리 부분을 탭한 후 원하는 위치로 이동합니다.

09 옵션이 제대로 설정돼 있는지 확인한 후 결제합니다.

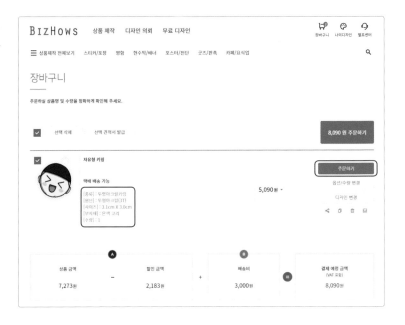

10 완성한 키링은 다른 굿즈와 같이 오프라인 플리마켓이나 일러스트 페어 등에서 판매할 수 있으며 온라인 스마트 스토어 등을 개설해 판매할 수도 있습니다.

에코백 제작하기

이번에는 이제까지 만들어본 굿즈에 비해 다소 제작 비용이 높은 에코백을 만들어 보겠습니다. 대량 생산으로 제작하면 비용을 많이 줄일 수 있지만, 아직까지는 다른 프로그램에 익숙하지 않으므로 소량으로 제작할 수 있고 에코백의 종류도 많은 '오프린트미'라는 웹 사이트를 이용해 만들어 보겠습니다.

01 오프린트미(www.ohprint.me) 웹 사이트에 접속한 후 로그인하고 [어패럴] – [에코백]을 차례대로 탭합니다.

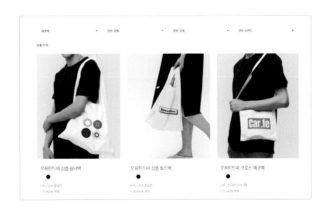

02 에코백의 종류가 많으므로 가격과 쓰임새를 생각해 선택합니다. 여기서는 [베이직 에코백 M]을 선택하겠습니다.

03 제품 상세 설명을 잘 읽은 후
원하는 옵션을 선택하고 [시작하
기]를 탭합니다.

04 본인의 캐릭터 굿즈이기 때문
에 내 그림을 올릴 수 있는 [직접
디자인하기]를 선택합니다.

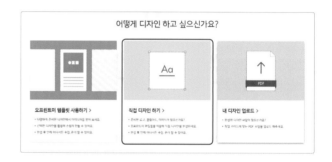

05 왼쪽 메뉴에 있는 [사진]을 탭한 후 가방에 넣을 그림을 선택합니다.

06 설정을 완료했으면 [저장하기]를 탭해 [장바구니]로 이동합니다.

07 장바구니로 이동해 수량을 설정한 후 옵션이 제대로 설정 돼 있는지 확인합니다. 그런 다음 [주문하기]를 탭하고 결제를 합니다.

08 완성한 에코백은 다른 굿즈들과 같이 오프라인 플리마켓이나 일러스트 페어 등에서 판매할 수 있으며 온라인 스마트 스토어 등을 개설해 판매할 수도 있습니다.

인스타툰을 시작한 후 그림이 안정되고 고정 팬 층이 생기면 나의 캐릭터로 메신저 이모티콘을 만들고 싶은 생각을 하게 됩니다. 예전에는 전문 작가들의 전유물로만 여겨졌던 이모티콘 제작이 요즘에는 누구나 쉽게 도전할 수 있게 됐습니다. 물론 진입 장벽이 낮아져 경쟁률이 높아진 만큼 승인율은 낮아졌지만, 매일 새로운 것을 찾는 소비자들은 인스타툰 작가의 새로운 도전을 환영할 것입니다.

요즘 이모티콘 산업이 발달하고 이모티콘 플랫폼이 늘어나면서 도전할 수 있는 범위가 넓어지고 있습니다. 그중에서도 국내 최대의 이모티콘 샵인 '카카오 이모티콘 샵'은 경쟁률이 엄청나고 한 번 입점하더라도 후속작을 내기조차 힘든 곳으로 유명합니다. 하지만 유행의 흐름이나 동향을 파악하기 좋으므로 이모티콘 출시를 기획한다면 자주 둘러보는 것이 좋습니다. 이 밖에도 '라인 스토어', '네이버OGQ마켓', '네이버 밴드 스티커 샵' 등이 있습니다.

이모티콘 시안을 제출하는 웹 사이트가 따로 있으므로 어느 곳에 이모티콘을 제안할 것인지 결정한 후에 제출합니다.

이모티콘 샵	시안 제출 웹 사이트
카카오 이모티콘 샵	카카오 이모티콘 스튜디오
라인 스티커	라인 크리에이터스 마켓
네이버 밴드 스티커 샵	밴드 스티커 샵
네이버 OGQ 마켓	OGQ 크리에이터 스튜디오

한 번 떨어진 이모티콘은 다른 웹 사이트에서 승인받을 수도 있으므로 떨어졌다고 낙심하지 말고 여러 곳에 도전해 보기 바랍니다.

이모티콘 제작은 인스타툰과 달리, 스토리보다는 상황에 맞는 감정 상태를 표현하는 것이므로 콘셉트와 캐릭터 설정이 중요합니다. 내 인스타툰 캐릭터의 콘셉트가 유머스럽다면 이 분위기를 이모티콘으로 가져와 사용하는 것도 좋은 방법 중 하나입니다. 또한 이모티콘에는 움직이는 이모티콘과 멈춰있는 이모티콘이 있는데, 어떤 것을 선택할 것인지 기획 단계에서 설정해 둬야 합니다.

이모티콘을 만들기 위해서는 가장 먼저 아이디어를 짜고 그 아이디어를 필기로 정리해 둬야 합니다. 그런 다음 캐릭터를 그리고 그 캐릭터의 표정이나 몸짓에 알맞은 메시지를 작성합니다. 그렇게 한 가지 동작을 완성하면 나머지 동작도 차례대로 완성합니다.

플랫폼마다 제출 이모티콘의 크기가 다르므로 크기를 잘 확인하고 제출해야 합니다. 카카오톡은 360×360px, 라인과 밴드는 370×320px, OGQ는 740×640px의 직사각형 이모티콘을 제출해야 합니다. 하지만 제출할 때마다 크기를 변경해 하나하나 다시 그릴 수는 없으므로 처음에 큰 크기로 그려 놓은 후 플랫폼에 맞게 크기를 조절해 제출하는 것이 좋습니다.

01 멈춰있는 이모티콘 만들기

01 프로크리에이트 앱을 실행한 후 새로운 캔버스를 만듭니다. 크기는 너비 1,000px, 높이 1,000px, DPI 72로 설정합니다.

02 밑그림 캐릭터를 그립니다.

03 새로운 레이어를 만든 후 밑그림 위에 라인을 그립니다.

04 라인을 모두 그렸으면 [밑그림] 레이어를 비활성화한 후 다시 새로운 레이어를 만들어 채색합니다.

05 채색이 끝나면 왼쪽 위에 있는 [동작]-[추가]-[텍스트 추가]를 탭해 텍스트를 입력합니다.

06 [이동] 툴을 선택한 후 텍스트를 원하는 위치로 옮기고 크기를 조절합니다.

07 텍스트 박스를 선택한 후 스
타일을 편집합니다.

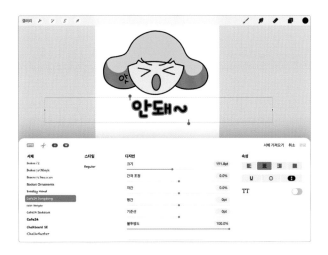

08 응모하는 플랫폼
이 요구하는 이모티콘
의 수를 모두 그렸다
면 갤러리로 나간 후
오른쪽 위에 있는 [선
택]을 탭합니다.

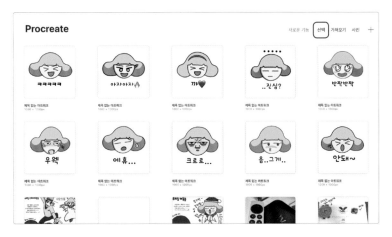

09 지금까지 그렸던
멈춰있는 이모티콘을
모두 선택합니다.

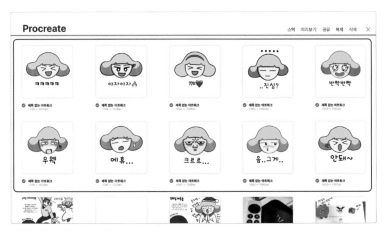

10 이모티콘을 선택했으면 오른쪽 위에 있는 [스택]을 탭합니다.

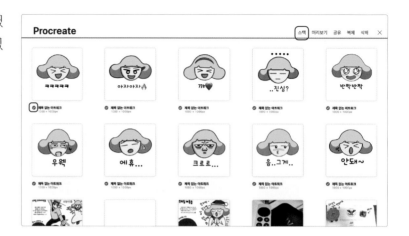

11 스택의 이름을 '멈춰있는 이모티콘'으로 바꿉니다.

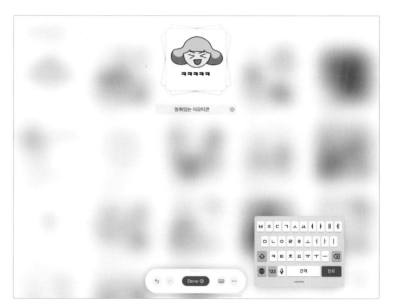

12 여기서는 카카오톡 이모티콘의 크기로 저장해 보겠습니다. '멈춰있는 이모티콘'의 스택을 옆으로 쓸어 복제합니다.

13 복제된 스택의 이름을 '멈춰있는 카카오톡'으로 바꿉니다.

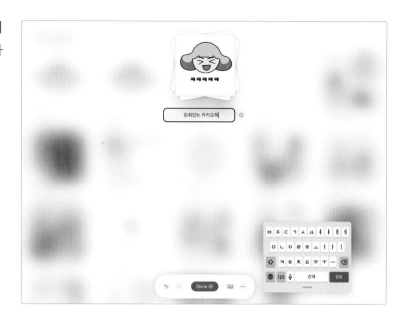

14 스택을 터치해 첫번째 이모티콘 그림을 선택합니다.

15 왼쪽 위에 있는 [공구] - [캔버스] - [잘라내기 및 크기변경]을 탭합니다.

16 오른쪽 위에 있는 [설정]을 탭합니다.

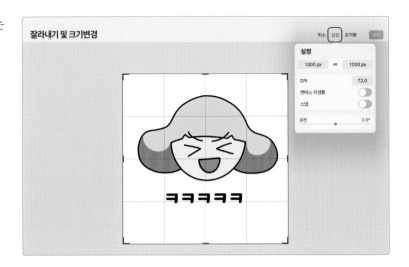

17 메뉴 중에서 [캔버스 리샘플]을 활성화합니다.

18 너비를 360px로 바꿉니다. 높이는 자동으로 변경됩니다. [완료]를 탭합니다.

19 금방 변경한 파일을 다시 불러온 후 레이어 메뉴를 열고 배경 색상의 체크 박스를 해제합니다.

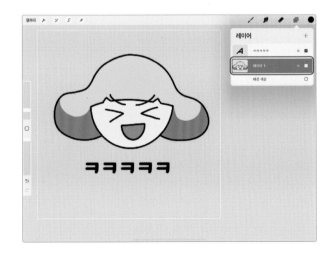

20 왼쪽 위에 있는 [동작] – [공유] – [PNG]를 차례대로 탭해 저장합니다.

21 나머지 이모티콘 도 위와 같은 방법으 로 모두 저장합니다.

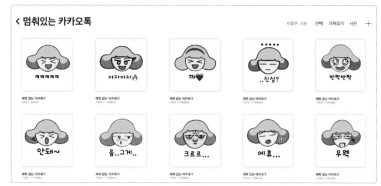

02 움직이는 이모티콘 만들기

01 프로크리에이트 앱 을 실행한 후 새로운 캔버스를 만듭니다. 크 기는 너비 1,000px, 높이 1,000px, DPI는 72로 설정합니다.

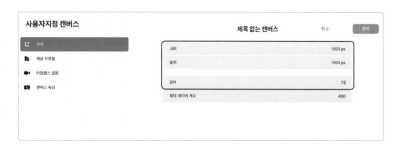

02 왼쪽 위에 있는 [공구] – [캔버스] – [애니메이션 어시스트] 를 차례대로 탭해 활성화합니다.

03 화면 아래쪽에 있는 [애니메이션 어시스트] 창에서 [설정]을 탭한 후 [루프] 항목의 '초당 프레임'과 '어니언 스킨프레임', '양파 껍질 불투명도' 등을 설정합니다. 그림을 모두 그린 후 천천히 설정해도 됩니다.

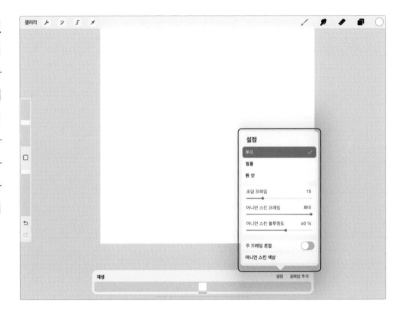

04 레이어의 이름을 바꾼 후 이 모티콘의 첫 번째 장면을 그립니다.

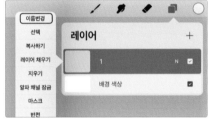 

05 모두 그렸다면 레이어 메뉴에서 왼쪽으로 쓸어 레이어를 복제합니다.

06 복제된 레이어의 이름을 바꾼 후 첫 그림에서 움직이는 장면을 생각해 다음 장면을 그립니다.

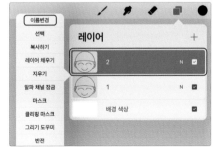 

07 화면 아래쪽의 [애니메이션 어시스트] 창에서 [재생]
을 탭해가며 그림이 잘 움직이는지 확인합니다.

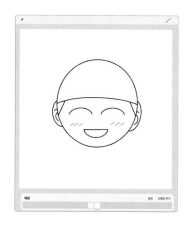

08 움직임이 자연스럽고 라인
스케치가 완성됐다면 레이어
를 추가해 채색합니다. 채색
레이어는 라인 레이어 아래로
끌어 이동시키고 한 장면당
그룹을 지어 줍니다.

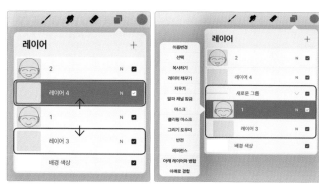

09 [애니메이션 어시스트] 창에서 움직임
의 속도나 불투명도를 조절합니다.

10 움직이는 이모티콘을 완성합니다. 응모
하는 플랫폼에서 요구하는 움직이는 이모티
콘의 수만큼 모두 그린 후 크기에 맞게 저장
합니다.

03 브랜드 웹툰

브랜드 웹툰은 기업, 단체, 공공 기관 등의 후원을 받아 홍보용으로 제작하는 웹툰을 말합니다. 홍보하고자 하는 제품 등을 팔로워의 유형과 성격에 맞는 작가에게 의뢰합니다. 인스타툰 작가에게는 홍보 의뢰가 제법 많이 들어오므로 브랜드 웹툰 작업이 가능하다는 점을 프로필에 표시해 두는 것이 좋습니다.

나의 작품 성격이나 이미지와 제품이 잘 맞을 것 같은 기업에서 메일이나 DM이 오는데, 이때 브랜드 웹툰의 단가를 물어보는 절차를 거칩니다. 단가는 컷당, 업로드당, 회당으로 책정하는데, 계약 전에 업체 측과 확실하게 이야기를 마쳐야 합니다. 브랜드 웹툰의 단가는 그림의 종류와 수량에 따라 다양하므로 작업의 난이도에 따라 단가를 책정합니다. 거래가 성사되면 계약서는 반드시 작성하는 것이 좋습니다. 계약서에 있는 업무 내용, 만료 일자, 금액 등과 같은 내용을 반드시 확인한 후에 서명합니다.

업체 측과 모든 협의를 마쳤다면 작업을 시작합니다. 전체적인 작업 일정과 웹툰에 들어갈 홍보 내용, 이미지 등을 간추려 담당자에게 보내 검토를 받습니다. 담당자와 충분히 협의한 후에 통과된 내용으로 스토리 작업을 진행합니다. 일단 채색 없이 라인 작업과 대사 등으로 초안을 완성한 후 다시 담당자에게 검토를 받습니다. 초안이 통과되면 채색과 나머지 작업을 하고 웹툰을 완성합니다. 완성된 작품을 다시 검토받은 후 업로드합니다.

브랜드 웹툰을 의뢰받으려면 인스타그램에 웹툰을 연재한 기간이 어느 정도 지나고 인지도가 쌓여야 합니다. 이를 위해서는 여러 작가가 참여하는 챌린지, 릴레이툰 등에 참여하거나 환경 보호 캠페인 등에 재능 기부를 하는 등 나의 인지도를 올리는 것이 좋습니다. 시간이 날 때마다 여러 작가와 활발하게 교류하는 것도 나의 인스타툰을 홍보하는 방법 중 하나입니다.

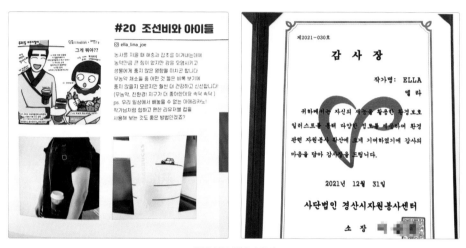

환경 보호 챌린지 참여

업체는 다양한 작가에게 메일을 보낸 후 단가가 맞고 브랜드와 제품에 잘 어울리는 작가를 선정하므로 너무 높지 않은 단가를 설정해 계약을 잘 성사시키는 것이 중요합니다. 만약 단가를 제안해 메일을 보냈는데 이후 아무런 연락이 없다면 그 계약은 성사되지 않은 것이므로 포기를 하거나 다시 한번 메일을 보내 봅니다.

출판

예전에는 보통 만화를 만화 잡지에서 연재한 후 나중에 따로 묶어 책으로 출간하는 사례가 많았습니다. 2000년대 초에 웹툰이 처음 등장하면서 프로 만화가들만 접할 수 있었던 만화 연재의 기회가 아마추어 만화가들에게도 생겼습니다. 기존에 돈을 내고 사서 보던 만화책에 비해 인터넷으로 무료로 볼 수 있고 완결된 작품은 단행본 책으로도 볼 수 있어서 독자들에게 선택의 폭이 넓어졌습니다.

또한 최근에는 인스타툰이 등장해 한 번도 그림을 그려본 적 없는 사람도 쉽게 그림을 연재하며 많은 인기를 얻고 있습니다. 많은 인기를 얻은 인스타툰은 한 권의 책으로 엮어져 정식 출간을 하기도 합니다. 또는 인기와 상관없이 작가 스스로 독립 출판을 하는 경우도 있습니다.

요즘에는 텀블벅, 와디즈와 같은 크라우드 펀딩 플랫폼을 통해 독립 출판도 할 수 있습니다. 하지만 독립 출판의 경우 작가 스스로 제작, 디자인, CS, 배송을 모두 직접 담당해야 하므로 신경을 많이 써야 하고 온·오프라인 서점에서 판매하기 어려우므로 가능한 한 출판사와 계약해 출판을 진행하는 것이 좋습니다. 출판사의 홈페이지에는 보통 저자, 필자 신청을 하는 곳이 있으므로 자신의 작품과 잘 어울릴 것 같은 출판사를 선택해 저자 신청을 해 봅니다.

정보문화사의 필자 신청 메뉴

최근 인스타툰으로 큰 인기를 얻은 수신지 작가의 '며느라기', 키크니 작가의 '키크니의 무엇이든 그려드립니닷!', 윤지회 작가의 '사기병'이 책으로 출간돼 많은 사랑을 얻고 있습니다. 언뜻 보면 그림은 단순해 보이지만 구독자들이 공감하고 상업적인 웹툰에서 다루지 않는 이야기를 신선하게 풀어 내 큰 호응을 얻었습니다. 이렇듯 인스타툰은 진입 장벽이 낮고 출판을 통한 수익 창출도 노려 볼 수 있습니다.

서점에서 판매되고 있는 인기 인스타툰 서적

인스타툰 홍보하기

인스타툰을 연재하기 위해서는 업로드하는 것도 중요하지만, 인스타그램의 계정을 잘 관리하는 것도 중요합니다. 8장에서는 인스타그램에서 게시물을 업로드할 때 유용한 팁과 유·무료 홍보 방법, 크리에이터 계정을 관리하는 방법을 알아보겠습니다.

01 게시물 꾸미기 팁

게시물을 업로드하려면 우선 그림을 첨부하고 그림에 알맞은 내용을 글자로 적어 해시태그와 함께 올려야 합니다. 하지만 인스타그램의 경우 Enter 로 줄을 바꿔 공백을 조절할 수 없고 해시태그의 수도 30개로 제한돼 있기 때문에 나의 의도대로 게시글을 업로드하려면 많은 노력이 필요합니다. 만약 게시글을 수정한다면 인게이지먼트가 낮아져 도달률에 영향을 미치므로 가급적 수정 없이 한 번에 올리는 것이 좋습니다. 최근에는 인스타그램 게시글 꾸미기 전용 앱들도 있으므로 이러한 것들을 이용해 예쁘게 꾸미는 방법도 있습니다. 그중 '인별 엔터' 앱을 이용해 게시글을 꾸미는 연습을 해 보겠습니다.

01 앱스토어에서 '인별 엔터'를 설치한 후 앱을 실행합니다.

02 [인별 엔터]를 실행한 후 [새 포스트 작성]을 탭합니다.

03 쓰고 싶은 내용을 입력합니다. Enter 를 탭해 줄을 바꿀 수도 있습니다. 아래쪽에는 해시태그도 적습니다.

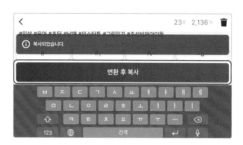

04 글을 모두 쓴 후 [변환 후 복사]를 탭해 저장합니다.

05 인스타그램에 접속해 [새 게시물 작성]을 탭한 후 그림을 첨부합니다. 그런 다음 복사해 놓았던 문구를 붙여넣기합니다.

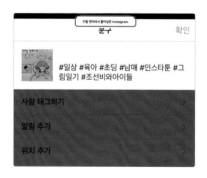

06 '인별 엔터에서 붙여넣은 Instagram'이라는 문구가 나타나면서 이전에 적은 글이 나타납니다.

07 업로드하기 전에 마지막으로 확인한 후 피드를 올립니다.

08 나의 의도대로 줄 바꾸기가 적용된 인스타그램의 게시물이 완성됐습니다.

TIP **해시태그의 사용**

인스타그램의 해시태그는 게시물을 쉽게 검색할 수 있게 해 주는 핵심적인 방법이므로 이를 적절하게 활용해야 합니다. 해시태그는 최대 30개까지 입력할 수 있지만, 굳이 모두 채울 필요는 없습니다. 해시태그는 추적과 검색의 기능을 갖고 있기 때문에 게시물의 내용을 유추할 만한 포괄적인 단어나 특징이 되는 단어만을 골라 해시태그를 달아도 비슷한 관심사를 가진 사람들에게 쉽게 노출될 것입니다. 어떤 해시태그를 사용해야 할지 감이 오지 않는다면 다른 작가는 해시태그를 어떻게 사용했는지 살펴보고 나의 게시물에 맞는 해시태그를 조합해 사용해 보는 것이 좋습니다.

---

02 인게이지먼트

이번에는 인게이지먼트에 대해 알아보겠습니다. 인게이지먼트는 '약혼', '약속', '계약'의 의미를 갖고 있지만, 인스타그램에서는 '참여율', '영향 요인' 등으로 해석합니다. 즉, 인스타그램에 인게이지먼트가 없다면 사람이 없는 빈 방에서 혼자 대화하는 것과 다름 없습니다. 참여도는 인스타그램 알고리즘의 중요한 순위 요소 중 하나입니다. 인스타그램이 피드를 로드할 때 알고리즘의 목표는 사용자가 상호 작용할 가능성이 높은 게시물을 표시하는 것이므로 정기적으로 참여하는 계정의 게시물이 인기 게시물 피드의 위쪽에 표시될 가능성이 높습니다. 인스타그램의 참여율은 게시물당 받은 '좋아요'와 '댓글'의 합을 내가 가진 팔로워 수로 나눈 값을 말합니다.

$$\text{참여율} = \frac{\text{좋아요 수} + \text{댓글 수}}{\text{팔로워 수}} \times 100$$

필자의 게시물을 예로 들어 보면 좋아요 수가 443개, 댓글 수가 94개, 팔로워 수가 3,587명이므로 443+94=537, 537÷3,587=0.1497072763, 0.1497072763×100=14.97072763이므로 필자의 인스타그램 참여율은 14.97072763이 됩니다. 이처럼 참여율을 계산해 보면 홍보 효과를 대략적으로 분석할 수 있습니다. 인게이지먼트가 높은 계정은 그렇지 않은 계정보다 더 많은 사람에게 노출되고 여러 기업에게 많은 홍보 제안 등을 받을 수 있습니다. 하지만 만약 유령 팔로워를 구매해 팔로워 수를 늘린다면 인게이지먼트 수치는 상승하지 않으므로 유의해야 합니다. 단기간에 팔로워 수를 늘리기보다는 차근차근 소통하면서 늘려 나가는 것이 참여율을 높이는 데 도움이 됩니다.

03 프로페셔널 계정 관리

인스타그램은 '개인 계정'과 '프로페셔널 계정'으로 나뉩니다. 프로페셔널 계정은 다시 크리에이터 계정과 비즈니스 계정으로 나뉩니다. 프로페셔널 계정은 일반 계정과 달리, 인사이트(통계)를 확인할 수 있기 때문에 게시물의 도달, 노출, 해시태그의 노출 등과 같은 수치를 바탕으로 내 인스타그램의 상태를 관리할 수 있습니다. 처음에 인스타툰을 시작할 때는 일반 계정으로 시작해도 상관없지만, 나중에 부수적인 활동 등을 생각해 미리 프로페셔널 계정으로 변경하면 계정 운영에 많은 도움이 됩니다. 여기서는 일반 계정을 프로페셔널 계정으로 변경하는 방법을 알아보겠습니다.

01 프로페셔널 계정으로 변경하는 방법

01 인스타그램 프로필 화면에서 [프로필 편집]을 탭합니다.

02 아래쪽에 있는 [프로페셔널 계정으로 전환]을 탭합니다.

03 안내를 읽으면서 [계속]을 탭합니다.

04 카테고리 영역을 선택합니다.

05 프로필에 표시할 것인지를 선택한 후 [완료]를 탭합니다.

06 크리에이터 계정을 운영할 것인지, 비즈니스 계정을 운영할 것인지를 선택합니다. 우리는 인스타툰을 그릴 것이기 때문에 크리에이터를 선택합니다.

07 [프로필 정보]를 입력한 후 설정을 완료합니다. 계정 설정은 하나씩 탭해 보면서 천천히 작성합니다.

08 다시 프로필 화면으로 돌아가 보면 [광고 도구], [인사이트]가 생겨 프로페셔널 계정으로 변경된 것을 알 수 있습니다.

프로페셔널 계정으로 전환했다면 게시물을 올린 후에 인사이트를 자주 확인하면서 분석해 봅니다. 어떤 소재의 그림을 올렸을 때 반응이 좋은지, 어떤 게시물에 댓글이 많이 달렸는지, 오늘 올린 게시물로 인해 몇 명의 사람이 내 계정에 방문했는지 등을 체크합니다. 유난히 한 게시물이 인기가 많았다면 인기 요인이 무엇인지 고민해 보고 다음 게시물을 올릴 때 참고하는 것이 좋습니다.

04 무료·유료 홍보하기

그림이 재미있다고 하더라도 사람들에게 노출되지 않으면 팔로워 수를 늘릴 수 없습니다. 물론 인스타툰의 목적이 팔로워 수를 늘리는 것은 아니지만, 많은 사람이 봐 줄수록 인지도가 높아지고 그에 따른 부수적인 활동이 가능하므로 팔로워 수와 좋아요, 댓글과 같은 인게이지먼트 수치를 높이는 것이 좋습니다.

01 무료로 홍보하기

홍보라고 하면 홍보를 전문으로 해 주는 회사에 의뢰해야 한다고 생각하지만, 얼마든지 무료로 홍보할 수 있습니다. 일반적으로 홍보 회사는 내가 하기는 귀찮고 시간이 많이 드는 일들을 대신해 주는데, 그 비용이 부담스럽다면 내가 직접 손품을 팔면 되는 것입니다.

일단 나의 인스타그램 계정을 최대한 여러 곳에 홍보합니다. 다른 SNS에 올리거나 주변 사람에게 내 계정의 링크를 메시지로 보내는 것도 좋은 방법입니다. 명함 등에 인스타그램 계정을 적는 것도 장기적으로 좋은 방법입니다. 해시태그를 적을 때도 인기 있는 해시태그를 인용해 포스팅하는 것이 좋습니다.

인스타그램 유료 홍보 업체

또한 그림을 업로드할 때는 사람들이 흥미를 가질 만한 내용을 함께 써서 올리는 것이 좋습니다. 유머, 질문형 문장, 개인적인 이야기 등을 써서 올리면 독자들과 소통하는 느낌을 받고 댓글로 소통하면 재방문의 기회가 커집니다. 그리고 팔로워를 빨리 늘리고 싶은 마음에 하룻동안 피드를 너무 많이 올리는 경우가 있는데, 한꺼번에 많이 포스팅하면 팔로워들의 타임라인이 내 게시물로 가득 차게 돼 역효과를 낼 수 있으므로 포스팅은 하루에 1~3개 정도가 적당합니다.

하루 중 사람들이 인스타그램에 가장 접속을 많이 하는 시간은 보통 출 · 퇴근 시간과 잠자기 전 시간입니다. 어떤 시간대가 나를 팔로워할 사람들이 가장 활발하게 활동할 때인지를 알아보고 그 시간을 공략해 정기적으로 업로드합니다. 내 게시물을 업로드한 후에는 인기 많은 해시태그 나 검색을 통해 나와 비슷한 그림을 그리는 작가들이나 관심사가 비슷한 계정을 검색해 팔로우 하고 댓글도 달아 줍니다. 가능하면 팔로워 수보다 팔로잉 수가 많은 사람을 선택해 맞팔 신청 을 하는 것이 좋습니다. 이 사람들도 팔로워 수를 늘리고 싶어하기 때문에 맞팔 신청을 받아 줄 가능성이 높습니다. 댓글을 달 때도 무성의하게 이모티콘만 남기거나 맞팔 신청 요청만 남긴다 면 신청을 받아 주지 않을 수 있습니다. 상대방의 게시물을 천천히 읽고 성의 있는 댓글을 달아 주면 시간은 조금 걸리겠지만 더 *끈끈한* 관계를 맺을 수 있습니다.

02 유료로 홍보하기

인스타그램에서는 무료 홍보가 기본이지만, 열심히 노력해도 어느 순간 한계가 느껴지는 경우 가 있습니다. 이때는 약간의 비용을 투자해 광고를 해 보는 것도 나쁘지 않습니다. 앞서 프로페 셔널 계정을 설정해 놓았기 때문에 인스타그램 안의 광고 도구를 사용해 유료로 계정을 홍보할 수 있습니다. 유료로 홍보하기 위해서는 결제를 진행할 카드(VISA, Mastercard, AMEX)와 홍보할 그림이 필요합니다. 필자의 인스타툰 그림 중 하나를 이용해 홍보해 보겠습니다.

01 홍보하고자 하는 게시물을 선택합니다. 프로필 화면에 있는 [광고 도구]를 탭해도 되고 게시물을 선택해 [게시물 홍보하기]를 탭해도 됩니다.

02 홍보할 게시물을 선택할 때는 독자의 호기심을 자극할 만한 간단한 이미지를 선택합니다. 게시물을 선택했다면 [다음]을 탭합니다.

03 목표 선택을 합니다. 우리의 목적은 팔로워를 늘리는 것이기 때문에 [프로필 방문 늘리기]를 선택합니다.

❶ 프로필 방문 늘리기: 광고를 본 사람들이 광고를 탭할 경우, 내 계정 프로필로 유입
❷ 웹 사이트 방문 늘리기: 추가로 설정한 웹 사이트로 연결
❸ 메시지 늘리기: 인스타그램 이용자들과 DM으로 더 많은 소통

04 타깃 설정은 [자동]으로 해도 되고, [직접 만들기]로 상세히 설정해도 됩니다. [자동]으로 선택해 유사한 관심사를 가진 대상자를 특정 지어 홍보를 해도 되지만, 여기서는 [직접 만들기]를 선택해 보겠습니다.

05 [직접 만들기] 선택하면 위치, 관심사, 연령 및 성별을 자세히 선택할 수 있습니다. 이는 말 그대로 어떤 사람이 내 광고를 보면 좋겠는지를 설정하는 것이므로 신중하게 선택하는 것이 좋습니다. 나의 인스타툰의 성격과 맞는 타깃층을 선택합니다.

06 타깃 설정이 모두 끝나면 결제할 카드를 등록하고 결제를 하게 되는데, 이때 타깃의 도달 수를 추산해 예산, 비용, 기간을 선택할 수 있습니다. 예산을 높게 설정할수록 도달수는 높아지지만, 예상 수치일 뿐이므로 처음부터 너무 무리하게 높은 금액으로 설정하지 않는 것이 좋습니다.

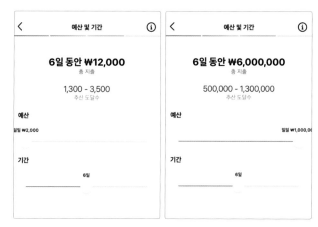

여기에서는 금액이 원화로 표시돼 있지만, 2주 경과 후 환전 수수료가 부과돼 추가 비용이 발생할 수 있으므로 신중하게 결제해야 합니다. 만약 카드를 등록한 후 결제가 되지 않거나 홍보 결과가 나타나지 않는 경우에는 블록 및 서비스 제한이 걸려 있는 상태이므로 1주일 정도 후에 다시 진행해 봅니다.

07 결제 카드까지 모두 등록한 후 결제를 진행합니다.

08 결제가 완료돼 검토 단계로 넘어갑니다. 인스타그램의 자체 검토 과정을 거친 후 승인되면 홍보가 시작됩니다.

09 시간이 지나 검토가 통과되면 그림의 아래쪽에 [현재 홍보됨]이라는 문구가 나타나면서 게시글이 광고되기 시작합니다. 아래쪽에 있는 [인사이트 보기]를 탭하면 홍보 상태를 실시간으로 확인할 수 있습니다.

10 인사이트를 보면 도달 수, 팔로워 현황 대비율, 진행된 시간 등을 실시간으로 볼 수 있습니다. 상황에 따라 더 이상 노출을 원하지 않을 경우, 일시 중단이나 삭제할 수도 있습니다. 처음부터 무리하게 큰 금액을 설정하는 것은 부담스럽고 광고 효과도 장담할 수 없으므로 인사이트 수치를 참고해 차근차근 경험을 늘려 나가는 것이 좋습니다.

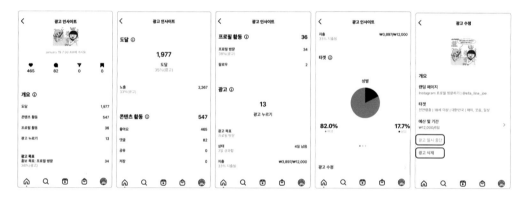

05 STORY & DM

인스타그램에는 스토리(STORY)와 다이렉트 메시지(DM)라는 기능이 있습니다. 이 기능을 잘 사용하면 댓글, 좋아요만으로는 부족했던 팔로워들과 더 많이 소통할 수 있습니다. 게시물보다 삭제와 공유가 간편하고 부담이 적은 이 2가지 기능을 자세히 알아보겠습니다.

01 스토리

인스타그램에 접속하면 윗부분에 내 팔로워들의 프로필이 보이는데, 이 프로필 부분이 색깔 띠로 둘러져 있는 것을 볼 수 있습니다. 이것이 인스타그램의 '스토리'라는 기능인데, 스토리는 24시간 후에 게시물이 저절로 삭제되는 인스턴트 메신저입니다. 인스타그램의 '릴스(Reels)'라는 기능이 있지만, 스토리는 이 릴스보다 짧고 간단하게 올릴 수 있습니다. 실제로 인스타그램 마케팅에서 브랜디드 콘텐츠를 제작할 때 가장 많이 이용하는 것이 이 스토리 기능입니다. 그렇게 때문에 15초 이내의 짧은 동영상이나 여러 가지 효과를 이용해 꾸민 사진 등으로 스토리를 잘 꾸미면 웬만한 홍보보다 효과가 좋은 마케팅이 될 수 있습니다.

인스타그램의 게시물은 정사각형의 이미지만 업로드할 수 있지만 스토리는 핸드폰 화면 전체를 이미지화해 보여 주기 때문에 영상이나 사진을 크게 전달하고 싶을 때 사용합니다. 내 피드에는 인스타툰만 올리고 평소 일상이나 알림, 공지, 홍보 등을 따로 올리고 싶을 때는 스토리가 유용합니다. 또한 다른 사람의 게시물을 공유하고 싶지만, 내 피드에는 올리기 부담스러울 때도 이용하는 것이 좋습니다.

또한 스토리는 나의 스토리 게시물을 본 사람들이 왼쪽 아래에 표시되므로 누가 내 스토리를 확인했는지 알 수 있습니다. 내 스토리를 구경한 이용자가 내 팔로워가 아니라면 프로필을 타고 들어가 그 이용자의 게시물에 '좋아요'를 누르거나 댓글을 달아 팔로워를 늘리는 방법도 있습니다.

스토리는 24시간이 지나면 삭제되지만, 내 인스타 프로필의 오른쪽 위에 있는 줄 3개를 탭하면 [보관]이라는 항목이 나오는데, 이 곳에서 한 번이라도 업로드됐던 게시물을 확인할 수 있습니다. 스토리를 삭제하지 않고 그대로 놔두고 싶다면, 보관 메뉴에 들어가 올렸던 스토리로 하이라이트를 만들면 됩니다. 하이라이트는 내 프로필에 들어오는 사람들이 언제든지 볼 수 있기 때문에 공지사항처럼 이용할 수 있습니다.

하이라이트를 만드는 방법

만약 스토리를 저절로 삭제되는
24시간 이전에 삭제하고 싶다면 내
프로필 사진을 탭한 후 스토리가
열려 있는 채로 오른쪽 아래에 있
는 점 3개를 탭하면 나타나는 팝업
창에서 [삭제]를 선택하면 됩니다.

인스타그램 알고리즘이 업데이트됨에 따라 인스타그램의 게시물의 도달률과 참여율이 줄어들고
있는 이때, 인스타 스토리는 새로운 마케팅의 열쇠가 될 것입니다.

TIP 인스타 스토리를 올리는 방법

01 인스타그램 앱을 실행합니다.
왼쪽 위에 있는 + 버튼을 탭해 갤
러리를 엽니다.

02 여기에서 카메라로 바로 찍어 올릴 수도 있고 갤러리에 저장돼 있던
사진(동영상)을 올릴 수도 있습니다.

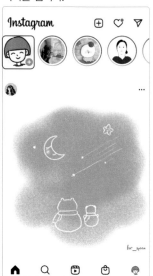

카메라 촬영   갤러리 선택

03 사진 한 장을 선택합니다.

04 위쪽에 있는 스티커, 글씨, 효과 등과 같은 메뉴로 스토리를 꾸밉니다.

05 모서리가 접힌 이모티콘을 탭하면 여러 가지 기능을 사용할 수 있는데, 이 중 가장 많이 쓰이는 기능에는 인스타 아이디 언급과 위치, 태그 기능이 있습니다. 친해지고 싶은 인스타툰 작가들이나 해시태그를 이용하면 내 계정을 홍보할 수 있습니다.

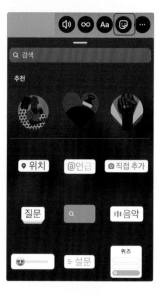

06 모든 작업을 완료한 후 아래쪽에 있는 화살표를 탭하고 [공유하기]-[완료]를 탭하면 스토리가 업로드됩니다.

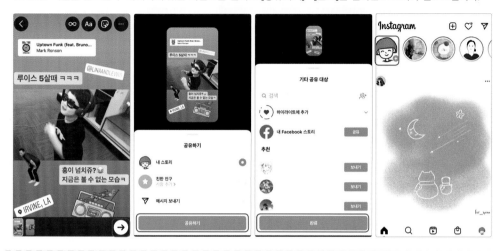

02 다이렉트 메시지

다이렉트 메시지(DM, Direct Message)는 사람들끼리 주고받는 비공개 메시지를 뜻합니다. 국내 사용자는 물론 해외 사용자와도 메시지를 자유롭게 주고받으며 소통할 수 있습니다. 평소에는 잘 사용하지 않더라도 알아 두면 유용합니다.

평소 좋아하는 인스타툰 작가나 친해지고 싶은 작가에게 DM을 보내면 자연스러운 소통의 기회를 만들 수 있습니다. 그림에 대한 질문이나 관심을 표현한다면 DM으로 답을 들을 수도 있겠죠? 그러다 보면 서로 친분을 맺을 수 있습니다. 이렇게 맺어진 인연은 앞으로 인스타툰 작가로 활동할 때 큰 위로와 힘이 됩니다.

또한 DM으로 광고 제의와 비즈니스 의뢰 등을 받을 경우, 개인적인 연락처를 노출시키고 싶지 않을 때 유용하게 사용할 수 있습니다. 특히 이벤트 시 당첨자들에게 개인적으로 연락해야 할 때 사용하기도 합니다.

DM을 보내는 방법

01 인스타그램 앱을 실행합니다. 오른쪽 위에 있는 비행기 모양을 탭합니다.

02 오른쪽 위에 있는 메모 모양을 탭하거나 [검색]을 탭해 메시지를 보낼 팔로워를 검색합니다. 메시지를 보낼 상대와 맞팔돼 있지 않더라도 [검색]을 탭하면 인스타그램에 가입돼 있는 모든 이용자 목록이 나타나므로 그중 내가 찾고 싶은 사람을 골라 선택합니다.

03 검색 시 비슷한 아이디가 너무 많아 찾기가 어렵다면 그 사람이 달았던 댓글이나 게시물을 찾아 프로필을 탭한 후 [메시지]를 탭합니다.

04 원하는 메시지를 입력한 후 [보내기]를 탭합니다. 사진이나 동영상도 보낼 수 있습니다.

05 보낸 메시지를 취소하고 싶을 때 보낸 메시지를 탭하면 [전송 취소] 창이 나타납니다.

받은 DM을 보는 방법

01 인스타그램 앱을 실행합니다. 오른쪽 위에 있는 비행기 모
양을 탭합니다.

02 팔로잉돼 있는 친구나 메시지
를 주고받았던 내역이 있는 사람
은 [주요] 탭에 나타나지만, 친구
가 아니거나 처음 받은 메시지는
[요청] 탭에서 볼 수 있습니다.

03 요청 메시지는 '차단'이나 '삭제', 수락' 중에서 선택할 수
있습니다.

04 [요청] 탭의 메시지는 나와 친구가 되고 싶어 맞팔 요청을
할 경우, 자칫 보지 못하고 건너뛰는 경우도 종종 생기므로 자
주 들어가 확인해 보는 것이 좋습니다.

주의해야 할 점

처음 인스타툰을 올리고 빨리 팔로워를 늘리겠다는 욕심에 한 번에 너무 많은 좋아요와 댓글을 달면 계정이 경고 없이 차단당할 수도 있습니다. 인스타그램은 하루에 누를 수 있는 '좋아요'의 수와 달 수 있는 댓글 수가 정해져 있기 때문에 그 개수가 초과되면 작업이 차단됐다는 팝업이 나타나면서 그 팝업 안에 안내된 날짜까지 인스타그램 활동을 하지 못하게 합니다. 이때는 인스타그램 쪽에 연락해도 답변을 받을 수 없으므로 어쩔 수 없이 기다려야 합니다. 내 아이패드나 핸드폰에 인스타그램 계정이 연결된 팔로워들을 관리해 주는 앱이 설치돼 연결돼 있거나 실제로 해킹을 당했을 때는 좋아요, 댓글 등의 활동이 없는데도 차단을 당하는 경우가 있습니다. 차단을 당했을 때는 이것저것 시도하지 말고 다음과 같은 몇 가지 방법을 시도해 본 후 차단이 풀리는 날까지 기다리는 것이 좋습니다.

- 2단계 인증을 진행합니다.
- 비밀번호를 바꿉니다.
- 내 인스타그램 계정과 연결된 인스타그램 관리 앱들을 모두 로그아웃하고 삭제합니다.
- 차단됐다는 것을 프로필에 공지로 적어 올립니다.

팔로워 수와 좋아요 수, 댓글 수는 누구나 쉽게 확인할 수 있으므로 다른 작가들과 비교되고 이로 인해 자존감이 떨어지기 일쑤입니다. 하지만 누구나 팔로워 0이었던 시절은 있습니다. 지금 당장 내 그림을 봐 주지 않는다고, 댓글이 많이 안 달린다고 생각하지 마시고 매일매일 꾸준히 업로드하다 보면 그 정성을 알아 주는 구독자가 반드시 생깁니다. 돈으로 사서 만든 1만 팔로워보다 내 스스로 노력해 만든 1명의 팔로워가 더 값지다는 것을 항상 명심하길 바랍니다.

찾아보기